一本书读懂
物流管理

周野 著

中国华侨出版社
北京

图书在版编目（CIP）数据

一本书读懂物流管理 / 周野著. -- 北京 ： 中国华
侨出版社，2021.3
ISBN 978-7-5113-8370-9

Ⅰ. ①一… Ⅱ. ①周… Ⅲ. ①物流管理－基本知识
Ⅳ. ①F252.1

中国版本图书馆CIP数据核字(2020)第216281号

● 一本书读懂物流管理

著　　者 / 周　野

责任编辑 / 江　冰　桑梦娟

装帧设计 / 焱　玖

经　　销 / 新华书店

开　　本 / 710毫米×1000毫米　　1/16　　印张 / 14　　字数 / 173千字

印　　刷 / 唐山市铭诚印刷有限公司

版　　次 / 2021年3月第1版　　　2021年3月第1次印刷

书　　号 / ISBN 978-7-5113-8370-9

定　　价 / 42.00元

中国华侨出版社　　北京市朝阳区西坝河东里77号楼底商5号　　邮 编：100028

法律顾问：陈鹰律师事务所

编辑部：（010）64443056　　　传真：（010）64439708

发行部：（010）64443051

网　址：www.oveaschin.com

E-mail：oveaschin@sina.com

前言
PREFACE

物流行业是与人们生活息息相关的服务行业，最常见的物流服务有邮政服务、快递服务及货物运输服务。这些物流服务极大地方便了人们的生活，给人们的生活带来了便捷。

在物流服务日益成熟的今天，各种物流公司如雨后春笋般兴起，物流行业开始展现出独具特色的发展势头。在物流这个大系统中，汇集着非常多的环节与信息，并且在现代化物流技术的支撑下，物流正顺利而高效地进行着。智慧物流成为现代物流发展的新趋势，这种依靠现代化技术进行的物流，很好地解放了人力，加速了物流管理的运行。

面对日益兴盛的物流服务行业，为了能够帮助人们更加全面地了解物流行业，明确物流行业的一些运行逻辑，本书将丰富的物流管理内容集于一体。

首先，本书从物流管理的基础理论着手，对物流管理工作中的相关理论及概念进行了解释。在每一章节中，以基础理论为开端，为后续内容的展开做了铺垫。

其次，本书对物流的管理工作进行了分解，将物流管理工作划分为物流战略管理、物流供应链管理、物流成本管理、物流信息管理、物流服务管理、绿色物流管理和智慧物流管理。本书在对具体的物流管理工作进行细致解读的过程中，适时地引入了相关案例，来帮助读者更好地理解相关内容。而且本书还对一些物流现象进行了分析，厘清了其产生和发展的脉络。

作为物流管理方面的基础性读物，本书既有理论讲解，又有物流管理的实际案例，完美地给读者展示了物流管理的全貌，能帮助读者更好地认识物流行业。

目录
CONTENTS

第三章　物流战略管理：合理规划，找准经济增长点

第四章　物流供应链管理：优化环节，促进物流高效运转

第一章

物流基础：

物流管理基本常识

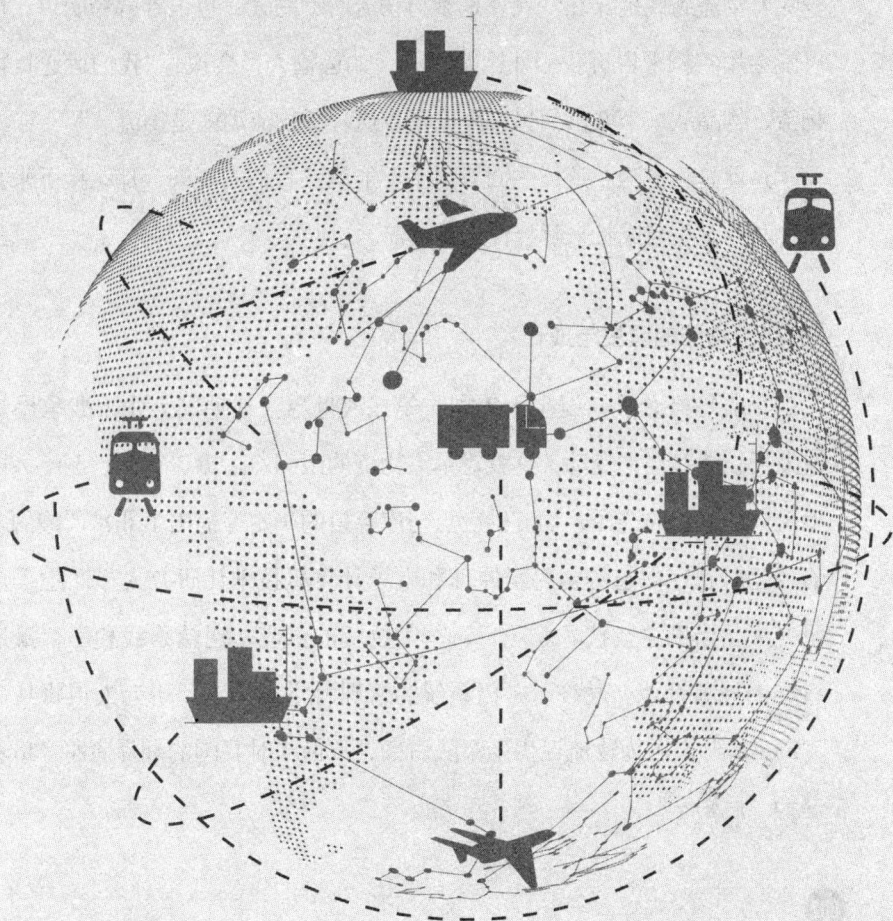

应该怎样定义物流

我们大多数人都知道"物流"这个词，但是对于具体的物流，我们了解多少呢？物流到底是什么？就算是参与物流活动的人，也很难解释明白，他们很可能会用实例来告诉我们什么是物流。如运输人员会说："我们运送货物就是物流，物品从一个城市到另一个城市，这种货物流动就是物流。"

这就是物流吗？这样的回答似乎不能解答我们的疑问，那么接下来我们就从物流的诞生与成长来解释什么是物流。

1. 物流的诞生与成长

物流的概念最初诞生于美国。第二次世界大战期间，由于战争局势的快速发展，战线经常变动，这就对军需物资的组织、运输、存储、调配，以及运输工具与路线的选择、物资供应点与库存量的确定等提出了非常严峻的考验。恰巧当时正在兴起的运筹学原理和电子计算机技术让研究人员产生了启发，研究人员借助这些技术原理，对军需物资的供应、运输路线和库存量进行了科学的规划设计。最终，一门系统的管理科学诞生了，研究人员将其命名为"logistic"。因为物流诞生于军队后勤，故而当时我国的翻译者将"logistic"译为"后勤学"。

到了20世纪50年代，军事后勤所采用的管理技术逐渐应用到了民用工业中。这时，在美国，logistic逐渐变成了physical distribution（实物分拨）。由于这一管理技术在民用工业中得到了很好的反响，日本便在这一时期引进了美国的physical distribution思想，并且日本学者平原直将其翻译为"物的流通"，简称"物流"。

到了80年代，物流已经发展到了一个相对成熟的阶段，我国从日本引进物流的相关思想与理论。在汲取国外有关物流资料的基础上，对物流又进行了补充和说明。

到了90年代，由于信息技术与网络技术的发展，物流被赋予了更多的内容，现代意义上的物流开始形成，现代物流体系也随之出现。

2."物流"究竟该如何定义

如果我们要定义物流，就需要咬文嚼字了。因为"物流"中的"物"与"流"有着各自的含义。

这里，我们给出"物流"最专业的定义，即《中华人民共和国国家标准：物流术语》（GB/T 18354—2006）对物流的定义："物品从供应地向接收地的实体流动过程。根据实际需要，将运输、储存、装卸、搬运、包装、流通加工、配送、信息处理等基本功能实施有机结合。"

3.物流的主要功能

物流的发展与其独特的功能是分不开的，正是这些功能赋予了物流独特的能力，那么物流到底有什么功能呢（详见表1-1）？

表1-1　物流的功能

功　能	释　义
运输	让货物从此地到达彼地，使货物发生空间位置变动
仓储	利用仓库对货物进行堆存、保管、保养、维护等活动
装卸	装卸是指在指定的卸货地点用人力或者设备对特定的货物进行装入和卸货
搬运	搬运是指在某一场所对物品进行移动操作，这种操作主要以水平移动为主
包装	使用一些包装材料和方法，对货物进行保护，或者通过包装便于运输和销售
流通加工	为了更好地衔接生产者的需要，或者更为有效地满足用户对货物的需要，对货物进行辅助加工的过程
配送	对货物实现最终的配发。它作为物流的最后一个环节，是物流的一个缩影
信息处理	将与物流活动有关的所有信息进行收集、汇总、统计、使用等的过程

4．现代物流业的主要成员

如果说物流业是社会的一级成员，那么这个一级成员是由哪些二级成员组成的呢？主要有以下几个：

（1）交通运输业。交通运输业按使用的工具不同可以分为铁路运输业、汽车运输业、水路运输业、航空运输业、管道运输业，如中国远洋海运集团。

（2）仓库业。仓库业就是承担代存、代储、自存自储的行业，如西南仓储公司。

（3）通运业。通运业主要指集装箱联运业、集装箱租赁经营业、运输代办业、行李托运业、托盘联运业等，如成都尽力通运业有限公司。

（4）配送业。配送业就是以配送为主的行业，它集成了商业流和物流，如一些同城配送公司。

物流的五种主要类型

物流以各种形式广泛地存在于社会中，这些形式都是按一定的分类依据进行划分得到的（详见表1-2）。

表1-2 物流的分类

分类依据	类　别
物流系统涉及的领域	（1）宏观物流 （2）微观物流
物流活动覆盖的范围	（1）供应物流 （2）生产物流 （3）销售物流 （4）回收物流 （5）废弃物物流
物流的作用	（1）地区物流 （2）国内物流 （3）国际物流
物流系统的性质	（1）社会物流 （2）行业物流 （3）企业物流
物流服务提供者的不同	（1）第一方物流 （2）第二方物流 （3）第三方物流 （4）第四方物流

1. 按物流系统涉及的领域划分

按物流系统涉及的领域进行划分，物流可以分为两类。

（1）宏观物流。宏观物流指构成社会总体的大产业（如交通运输业等）、大集团（如中国远洋海运集团等）。宏观物流往往有很大的空间范畴，带有宏观性，如社会物流、国民经济物流、国际物流。

（2）微观物流。微观物流指物流系统的一个局部、一个小环节或一个地区，有具体性和局限性的特点。企业一般涉及的物流活动都属于微观物流，如供应物流、生产物流、销售物流、回收物流、废弃物物流等。

2. 按物流活动覆盖的范围划分

按物流活动覆盖的范围进行划分，物流可以分为五类。

（1）供应物流：指为生产企业、流通企业、消费者提供原材料、零部件、燃料或商品时，物品从供应方到需求方的实体流动，存在于供应方的物流。

（2）生产物流：指从生产厂的原材料购进入库到成品发送这一过程的物流活动。生产物流活动与整个生产工艺过程相伴而生，是生产工艺过程的一部分，是存在于生产方的物流。

（3）销售物流：指生产企业、流通企业在出售产品或商品时，货物的空间转移过程。销售物流是将产品或商品的所有权转让给用户的物流活动，是存在于各种销售方的物流。

（4）回收物流：指不合格物品的退货，以及周转包装物从需求方返回供应方所形成的物品或包装物的实体流动；同时也指对企业在生产、供应和销售活动中所产生的边角料、废料、残损品等进行回收的活动。

（5）废弃物物流：指对企业排放的无用物（如废气、污水、废渣等）进行运输、装卸、处理的物流活动。废弃物物流的清洁作用对社会是有利的。

3. 按物流的作用划分

按物流的作用进行划分，物流可以分为三类。

（1）地区物流：指在一国疆域之内，根据行政区域或地理位置划分而进行的区域内物流。

（2）国内物流：指一个国家在自己的领地内开展的物流活动，这种物流活动的空间局限在一个国家的领土、领空、领海内。

（3）国际物流：指国与国之间、洲际之间进行的物流活动。

4. 按物流系统的性质划分

按物流系统的性质进行划分，物流可以分为三类。

（1）社会物流：指在全社会的范围内，存在于企业外部及企业间错综复杂的物流活动的总称，其主要服务于社会。

（2）行业物流：指同一行业中的企业为了提高物流效率和降低物流成本，而在物流运作、物流管理方面进行的有效协作。

（3）企业物流：指企业内部的物品实体流动。企业物流是站在企业的角度研究与之有关的物流活动，是一种具体的、微观的物流活动的典型领域。

5. 按物流服务提供者的不同划分

按物流服务提供者的不同进行划分，物流可以分为四类。

（1）第一方物流：指物品的供应商提供的物流服务形式，即卖方、生产者或者供应方组织的物流活动。

（2）第二方物流：指物品的需求方提供物流服务的物流形式，即供应链

中由分销商承担的自己采购商品的物流活动，如批发商到工厂取货、送货给零售店或者客户。

（3）第三方物流：指提供物流相关服务的公司或企业。

（4）第四方物流：指那些从金融、保险、多站式物流配送等方面出发，为前三方物流企业提供物流规划、咨询、物流信息系统服务、供应链管理等活动的服务商。

物流的作业流程是如何划分的

物流活动的进行都是按照一定的作业流程进行的，只有按照物流作业流程有条不紊地进行物流活动，物流活动才可依据其活动所产生的信息进行可靠的追踪和定位。那么一般的物流作业流程是怎样的呢？这种明确的物流作业流程对物流活动的进行会产生什么作用呢？

1. 物流作业流程的八步走

物流作业流程一般指的是物流企业的物流作业流程，也就是物流企业为完成一次订单而专门设计的相关活动，这种作业流程一般可以分为八步（如图1-1所示）。

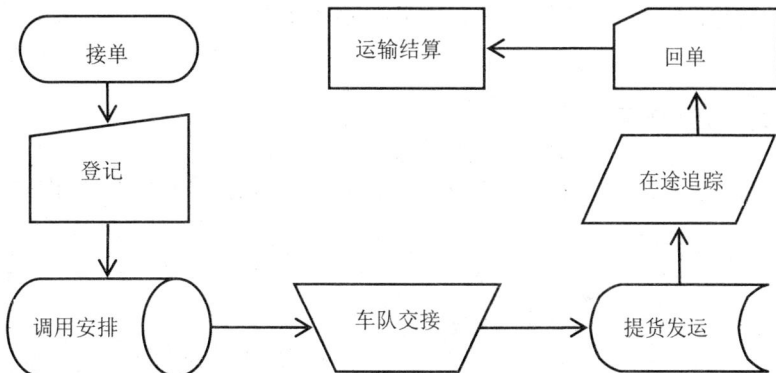

图1-1　物流作业流程

（1）接单。货运主管从客户处接收（传真）运输发送计划；公路运输调度从客户处接收出库提货单证，并核对单证。

（2）登记。运输调度在登记表上分送货目的地，分收货客户标定提货号码；司机（指定人员及车辆）到运输调度中心拿提货单，并在运输登统本上确认签收。

（3）调用安排。填写运输计划以及运输在途、送到情况，追踪反馈表。电脑输单。

（4）车队交接。根据送货方向、重量、体积统筹安排车辆。报运输计划给客户处，并确认到厂提货时间。

（5）提货发运。检查车辆情况，按时到达客户提货仓库，办理提货手续；提货，盖好车棚，锁好箱门，办好出厂手续，电话通知收货客户预达时间。

（6）在途追踪。建立收货客户档案；司机及时反馈途中信息。与收货客户电话联系送货情况。填写跟踪记录。有异常情况及时与客户联系。

（7）回单。按时准确到达指定卸货地点，货物交接，百分之百签收，保证运输产品的数量和质量与客户出库单一致。

（8）运输结算。整理好收费票据，做好收费汇总表交至客户，确认后交回结算中心；结算中心开具发票，向客户收取运费。

2. 物流的作用

物流的作业流程体现了其本身的重要作用，物流的作用因物流环节的不同而不同（详见表1-3）。

表1-3 物流的作用

作　用	具体内容
物流活动具有保值作用	物品从生产者到达消费者的过程中，经过运输、保管、装卸、搬运等环节，这些环节保证了物品各方面属性的完好，起到了产品保值的作用
物流活动可以节约资源	合理规划物流，能够节约自然资源、人力资源、能源、费用，如集装箱运输、包装合理简化、自动化仓储保管等
物流活动可以缩短物品之间的距离	物流可以克服时间间隔、距离间隔，以及人与人之间的间隔，进而使得物品之间的距离缩短
物流可以增强企业竞争力，提高服务水平	企业的供应速度、服务水平等是企业竞争的关键，如快递行业，人们普遍会选择物流速度较快的公司来为自己服务
物流可以加快商品流通，促进经济发展	物流会引导配送中心的设立。配送中心一般都会有高效的作业设施，能及时对物品进行分配处理，保证了商品的快速流通，降低了零售价格，提高了消费者的购买欲望，进而促进了经济的发展
物流可以保护环境	物流的日益发展需求使得大型物流流通中心都开始往城郊转移，这样的举措使得城市环境有了很大的改善
物流活动可以创造社会效益和附加值	物流发展催生了现代化技术的进步，各种智能化设备与装置在很大程度上解放了社会生产力，提高了劳动效率，如外卖配送服务，直接催生了一个新的产业

国际运输与物流之间的关系

国际运输是国际货物运输的简称。而国际货物运输作为一个运输系统，它是国际物流的一个二级子系统。所以关于国际运输与物流之间的关系，如图1-2所示，可以看出，国际运输就是物流的一个子集。

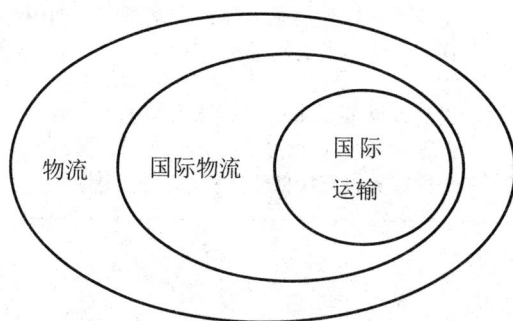

图1-2　物流、国际物流、国际运输的关系

1. 国际运输概述

在《中华人民共和国国家标准：物流术语》（GB/T 18354—2006）中把运输定义为："用专用运输设备将物品从一个地点向另一个地点运送。其中包括集货、分配、搬运、中转、装入、卸下、分散等一系列操作。"

国际运输作为国际物流的一部分，它是指用一种或多种运输工具，把货物从一个国家的某一地点运到另一个国家的某一地点的运输。国际货物运输仅指与一国进出口货物贸易相关的货物运送活动。没有国际货物运输，也就无法实现进出口商品在空间上的移动和跨国交付，国际贸易活动最终也就不能实现。

国际运输的产生归根结底还是国际贸易和跨国经营的发展，国际贸易和跨国经营让国际物流的地位更加显著，国际运输也顺势成为国际物流的助手。随着各种运输工具的改进和运输方式的变革，国际运输变得更加科学合理。

2. 实现国际运输的方式选择

由于国际物流跨区域广，因此，国际物流的运作环境相对比较复杂，耗时长。而且国际物流还面临着较为复杂的气候条件，所以物品在不同国家之间流动和转移，往往需要不同的运输方式和不同的承运人共同参与及合作来完成运输工作。综合多方面因素，国际运输会根据货物的特点和运输距离等内容进行运输方式的选择。一般来讲，国际运输方式主要有以下几种。

（1）国际海洋货物运输。国际海洋货物运输的运输通过能力与运量大，运费低廉，航道四通八达，货物适应性强。不过海洋货物运输的速度较慢，航行风险也会因天气的变幻而增加，因而航行日期就存在极大的不确定性。

（2）国际铁路货物运输。国际铁路货物运输的运量大，速度较快，运输的风险也较小，因而可以常年保持准点运输。

国际铁路运输主要是以国际铁路联运的形式进行。发货人在始发站进行托运，办理相关托运手续后会有一份铁路运单。铁路承运货物后会根据运单将货物运往收货人所在的站点。在运输的过程中，由一国铁路向另一国铁路移交货物时，不需要收货人与发货人参与。

（3）国际公路货物运输。随着公路现代化、车辆大型化，公路运输也成

为实现集装箱运输的重要运输方式。公路运输可以实现一定距离内的"门到门"运输。集装箱通过公路运输实现国际多式联运。例如，公路运输先将货物运输到港口，再进行装船；或者先进行货物的卸船，再进行公路运输，将货物分散到各个接收点。

（4）国际航空货物运输。国际航空运输特别适合重量轻而贵重的小件物品及鲜活产品。利用航空运输速度快的优势，可以让出口货物优先抢占市场，增强商品的竞争力。

（5）集装箱运输与国际多式联运。集装箱运输是指将货物装载于标准规格的集装箱内，以集装箱为运输单位进行运输的现代化运输方式。集装箱运输有着优质、成本低的特点。

国际多式联运是采用集装箱装载形式，把各种运输方式连贯起来，实现国际货物运输的一种新型运输方式。多式联运能够快速、低费用、低损耗地进行货物运输，被越来越多地用到国际货物运输中。

物流服务供应商的三种主要类型

物流服务供应商是指提供物流服务的组织单位，根据物流服务供应商的服务范围和方式不同，可以把物流服务供应商具体分为专门物流服务供应商、物流解决方案供应商和供应链创新商三种。

1. 专门物流服务供应商

专门物流服务供应商是指那些提供专一服务的供应商，它们是以自身资产为基础，为客户解决运输、仓储等功能性问题的企业。

如普通的搬家公司，就是以其拥有的面包车、大中小型货车等为基础，再依靠一定的搬运工人和司机来进行物流服务的供应商。

而在国际货物交付中，物流服务商主要承担国际货运代理、船舶代理、无船承运人、实际承运人、报关行、仓储企业等角色。

2. 物流解决方案供应商

物流解决方案供应商是比专门物流服务供应商服务内容更多的供应商，它的服务范围和内容更加丰富。物流解决方案供应商一般是那些发展历史长久，物流服务经验深厚的企业，它们既可以利用自身的运输、仓储设施设备，或者

先进的信息管理能力为其他企业提供一定环节或者一定区域的一系列物流服务，又可以借助若干专门物流服务供应商间接为客户提供服务，或者为客户提供标准服务和制定物流管理与供应链管理方案。我们也称物流解决方案供应商为"第三方物流服务供应商"。

3. 供应链创新商

供应链创新商是供应链的集成者，通过整合和管理自身的以及其他物流服务供应商补充的资源、能力技术，影响整个供应链，进而为客户企业提供全面的突破性供应链解决方案。供应链创新商一般承担着既有理论知识，又有行业经验的角色，因此也被称为"第四方物流服务供应商"。

供应链创新商的服务领域远远超出解决方案供应商，因为供应链创新商的业务涉及物流预测与需求计划、库存管理、成套服务、采购服务、采购与订单管理及客户服务管理。供应链创新商依据方案供应商、信息技术服务供应商、业务流程管理商的能力来制订自己的物流服务解决方案。

物流常见的货运方式

物流的货运方式，即采用哪种运输方式进行货物运输。按照货运工具的不同对货运方式进行划分，可分为铁路运输、公路运输、水路运输、航空运输、管道运输。每一种物流运输方式都有其各自的特点和使用范围，这里会进行逐一介绍。

1. 铁路运输

铁路运输是使用铁路进行货运的一种运输方式。铁路运输主要承担长距离、大数量的货运（普通列车载运量为3000~4000t，重载列车载运量可达10000~12500t）。铁路运输一般不受天气的限制，可以安全地进行大批量、中长距离的货物高速运输，而且运输费用低廉，比较节能环保。当然，它也有一些弊端，比如它的列车站点固定，配送的灵活性大大降低，这些站点的停靠也会影响货物运输的时间，因此该运输方式不适用于紧急货物和保鲜时效较短的货物。

2. 公路运输

公路运输主要是依靠汽车进行货物运输的方式。公路运输比较灵活，运输

的服务面非常广。但是汽车在运输过程中会产生噪声、排放废气，对环境有一定的影响。

3. 水路运输

水路运输是依靠船舶进行货物运输的方式。水路运输可以承担大批量、长距离的货物运输，而且水路运输占地面积小，利用顺水流速可以节约能源，运费比较低廉。但水路运输的速度较慢，受自然条件的影响较多。

4. 航空运输

航空运输是指借助飞机及其他航空器进行货物运输的方式。航空运输具有快速、机动性强、舒适、安全的特点，适合运输价值高、运费承担能力强和紧急需要的物资。但是气象因素对航空运输的影响较大，而且飞机等的仓容面积和载重量一般较小，运输成本高昂。

5. 管道运输

管道运输是利用管道进行气体、液体、粉状固体运输的方式。管道运输没有回空运输，可以不受地面气候等的影响进行连续作业。但是管道运输的灵活性较小，需要一次性投资较大财力进行管道的建设。

了解了运输方式之后，我们再来了解一些与货运方式有关的名词，了解这些名词可以帮助我们在实践中更好地操作与物流相关的工作（详见表1-4）。

表1-4 货运方式相关名词释义

名 词	释 义
托运	一种运输手续，指托运人向铁路提出运输物品要求，按照规定手续委托铁路运输货物
托运人	在货物运输合同中，将货物托付承运人按照合同约定的时间运送到指定地点，向承运人支付相应报酬的一方当事人，也就是说托运人往往就是货主或货物的发货人
承运人	与"托运人"相对应。在货物运输合同中，将承运的货物按照合同要求运送到目的地，并向托运人收取相应报酬的一方当事人，一般指车主
零担货物运输	托运人一次托运货物计费重量3t及以下的，为零担货物运输
整批货物运输	托运人一次托运货物计费重量3t以上或不足3t，但其性质、体积、形状需要一辆汽车运输的，为整批货物运输
特快件货物运输	在规定的距离和时间内将货物运达目的地的，为快件运输；应托运人要求，采取即托即运
危险货物汽车运输	危险货物汽车运输承运易燃、易爆、有毒、有腐蚀性、有放射性等危险货物，以及具有危险性质的新产品
普通货物	货物在运输、装卸、保管中无特殊要求的
特种货物	货物在运输、装卸、保管中需采取特殊措施的
轻泡货物	货物每立方米体积重量不足333kg的

物流管理的主要工作内容

物流管理既包含理论研究方面的内容（如物流管理的理论基础、物流管理的思想依据），又包含实践应用方面的内容（如物流管理的流程，以及物流管理主要管理哪些方面）。物流管理与时俱进，其管理内容、管理方法等会随着物流管理的演进而不断丰富。

1. 物流管理的概述

物流管理是指参与物流活动的相关管理者，利用物流中物质资料的真实活动规律，使用管理学的原理和方法，对物流活动进行整体计划、组织、协调、控制、监督，让物流的各项活动能够更加完美地配合及协调，进而实现降低物流成本、提高物流效率的目的。

通俗地讲，物流管理就是以最低的成本达到客户满意的服务水平，进而对物流相关活动进行计划、组织、指挥、监督、控制、协调。

物流管理就是人的管理行为活动，通过人的操作对物流的运输、仓储、装卸、搬运、包装、流通加工、配送、信息处理环节进行管理控制，实现相应的物流管理目的，进而实现相应的经济效益。人在物流管理这一活动中的主要任务是对与物流相关的人、财、物、方法、信息进行有效整合，让这些整合资料成为自己做物流决策的依据。

2. 物流管理的步骤

（1）物流管理的计划阶段。计划作为行动的基础要事先考虑，物流管理计划是为了让物流活动达到预想的结果所做的准备工作。在制订物流管理计划时，需要注意以下细节问题。

首先，物流管理计划要参照一定的标准，或者借鉴一定的事例确定一个明确的目标。在确定目标之后，需要对完成这个目标所要做的事项进行部署，分清主次、先后顺序。

其次，要分析出物流管理目标在实现的过程中可能出现的任何情况，明确不利因素的应对措施。

最后，要有充裕的财力来支持物流管理活动的进行，也要有人来操作，当然，也需要有一定的物质基础来保证物流活动的进行，以便实现物流管理目标。

（2）物流管理的实施阶段。物流管理的实施阶段就是对正在进行的相关物流活动进行管理。该阶段是物流管理过程中最重要的一个阶段，在该阶段，各项已经确定的计划正在实施过程中，通过计划的实施能够对具体的计划项目进行检验，以便随时调整目标计划。该阶段的重要作用主要体现在以下两点。

首先，对物流活动的组织和指挥作用。物流的组织和指挥就是将物流活动过程中的各个节点联结起来，形成一条线，让各个点在这条线上按照具体的要求合理分布且运动。

其次，对物流活动的监督和检查作用。监督和检查能够发现并揭露物流活动中的问题，然后找出这些问题对应的原因，并解决相应的问题。

（3）物流管理的评价阶段。物流管理评价是将已经实现的结果与预期目

标进行对比的物流管理活动。进行全面的物流管理评价活动，对相关指标进行对比分析，既能够及时确定物流管理预期目标的有效性结果，又能够确认物流管理实施过程中的不足，这些评价活动还能够为下一步的物流管理活动提供可靠的借鉴。

3. 物流管理的精益物流思想

精益思想的核心内容是：以更少的人力、设施、时间、场地等来获取尽可能多的价值，进而更加满足客户的实际需求，加深客户的了解。

精益物流强调"精益求精"，主张"少而精"。精益物流思想要求在物流的执行过程中贯彻精益思想，如运输时尽量降低货车的返程空载率，合理利用货车空间等。

4. 物流管理主要管理什么

物流管理主要管理物流系统中的各个要素，如人的管理、物的管理、财的管理、设备的管理、物流信息技术的管理等。而在管理这些要素时，还需要掌握一定的方法，这就需要理论与实践相结合，不断探索物流管理新空间。

物流管理是一门既注重理论，又注重实践的学科，掌握物流管理，就需要先从一些基础理论知识开始，然后结合实践案例加深理解。在物流变革和兴盛的境遇下，读懂物流管理基本理论常识显得尤为重要。

拓展阅读：我国物流业的发展现状

物流是一个处于不断变革的行业，在国民经济中占据着重要的地位。随着科技的不断进步，科技在物流领域的应用也越来越广泛。另外，互联网、物联网技术的普及，更是让物流行业涌现出了很多新现象，使物流得到了突飞猛进的发展。

在网络购物盛行的当下，电商物流给普通大众带来了极大的便利，对国民经济、人口就业等作出了重大贡献。从全局来看，我国物流行业当下发展规模日趋壮大，物流需求旺盛，市场活力逐步增强，业务收入呈快速增长态势，整体发展趋势是稳中向好。

根据相关机构的统计数据显示，我国社会物流总体需求目前保持平稳增长，增速略有放慢，进入中高速发展阶段。在过去的2020年，受新冠疫情影响，年初国内工业生产停滞，到6月国内社会物流总额恢复至2019年同期水平，并且从物流行业景气指数上也能看出自2019年起国内物流行业整体呈波动增长态势，这也意味着物流行业在不断进行着经济扩张。虽然2020年新冠疫情给全行业带来了不同程度的停滞，但物流行业的恢复能力还是非常强，目前我国物流行业整体运行良好，发展机遇、扩张机遇都引人瞩目。

说到物流，我们不得不提到应用在物流领域的科技。伴随着工业4.0的到

来，我国物流行业逐步从机械化、自动化向智慧化迈进。在智慧化的物流发展阶段，互联网、大数据、云计算、人工智能等现代信息技术成为物流行业的主流，机器人、无人机、"货到人"拣选、智能柜等先进技术都广泛应用到了物流行业中。

在物流发展政策和物流发展技术的支持下，物流行业逐渐走出了传统的发展模式，开始更加注重服务质量，越多越关注服务用户的体验，物流时效越来越有保证，绿色物流成为未来物流发展的趋向，例如当日达物流服务、物流售后服务等逐渐成为物流企业抢占市场的利器。

物流行业是一个与民生息息相关的行业，是国民经济发展中的重要产业。各行各业关注物流、推动物流行业健康绿色发展，对国家经济新常态时期的健康稳定发展具有重要的支撑作用。

第二章

互联网+物流：

智能时代的物流新模式

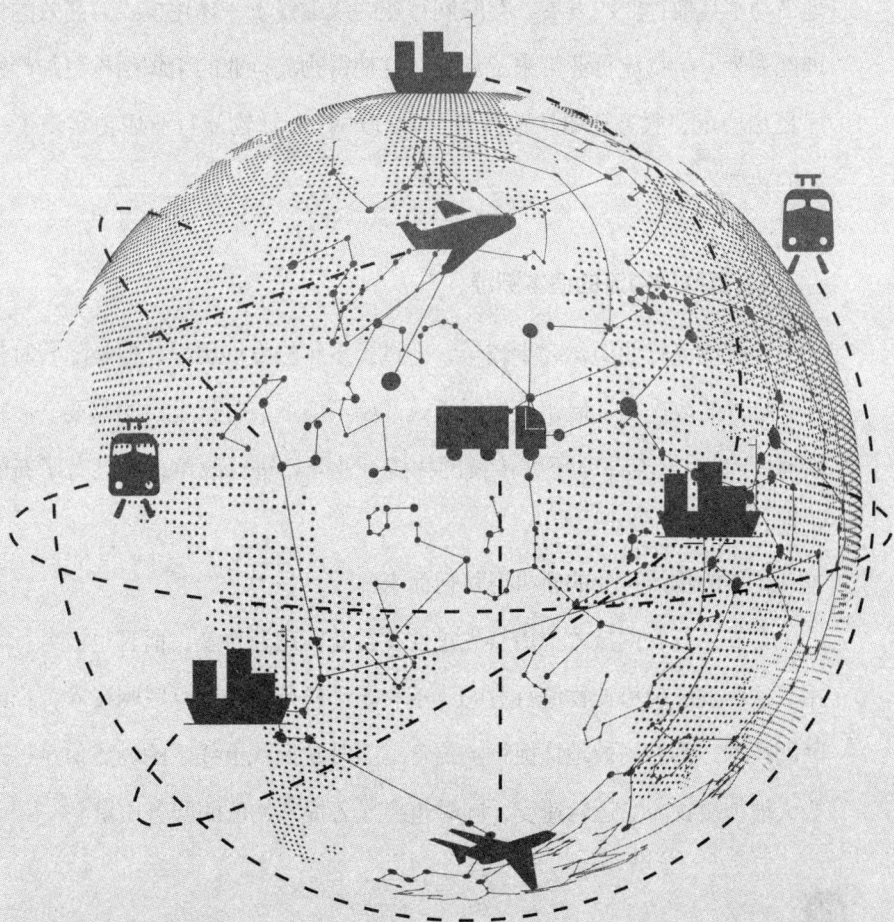

"互联网+"让传统物流行业实现转型

互联网行业的兴起，不仅实现了互联网行业自身的快速发展，而且也很好地带动了其他行业的发展。互联网行业的线上线下一体化模式、高效的信息处理能力等，给物流行业带来了启发，这使得物流行业的组织结构更加严密、秩序更加稳定、服务质量快速提升。"互联网+"让物流行业成功实现了一个全新的转型。

1. 互联网物流的追本溯源

传统物流行业虽然起步较早，走过了多年的发展历程，但是随着时代的变迁和技术的改进与发展，其发展模式开始不能适应时代发展的需要。而在"互联网+"的兴起与带动下，传统的物流行业开始进行改革，并且有了新的发展机遇。

传统的物流行业的新机遇从何而来？

首先，互联网技术凭借其先进性在行业间迅速普及，而且也被各行各业采用。这种发展趋势让物流行业的改革有了动机与动力。互联网技术，抑或是物联网技术，都能高效地捕捉物流信息，实时掌握线上线下的物流信息，这能够极大地加快物流的运转速度，同时也会显著提升物流的服务质量。

其次，电子商务的快速发展对物流行业提出了更高的要求，这使得物流行业不得不进行改革。而改革所需要依赖的力量从何而来呢？这时候，互联网成了物流行业的选择和依靠。互联网庞大的信息与数据系统，可以给物流行业带来足够的支撑。

再次，跨境电商客户群的扩张让其对物流的服务能力有了更高的要求。为了让这些跨境商品的消费者得到极致的物流体验，让物流行业能够适应跨境电商的销售速度，物流企业开展了产业变革，以高效的物流速度与高质量的物流服务为抓手，掀起移动互联网技术改革的浪潮。

最后，在互联网技术快速普及的趋势下，互联网技术已经悄无声息地渗透了物流行业，这种润物细无声的效果使物流行业尝到了很多甜头，物流行业也在互联网技术的鞭策下开始寻找更加多元化的发展思维与模式。互联网已与物流行业结伴走过一段距离，那么接下来，互联网将会更加开放，逐步实现互联网技术与物流行业整合。

顺丰快递利用自己的物流App——顺丰速运，让用户享受到了不一样的快递服务。有数据显示，仅2014年10月，顺丰速运的用户周活跃度就已经超过12万人次；2014年11月，顺丰速运的周用户活跃度更是达到了27万人次。这说明2014年11月各大电商的促销活动使得顺丰速运的周使用人次大幅增长。这也从侧面说明顺丰速运的客户忠诚度良好，其良好的品牌效应已经在用户中释放。在此之后，顺丰速运快速发展，不断扩大自己的物流服务范围，提升服务质量。

顺丰在现实经济发展模式和商业需求的带动下快速发展，依靠物流App的使用，完美地顺应了电商对物流的要求，这使得顺丰能够快速发展自己的客户群。

2. 互联网物流的新挑战

传统物流行业与互联网行业的结合显示出了极大的优势，那么在面对这种结构模式改革的当下，物流行业还可以从互联网方面获取哪些能量呢？

当前的信息化极大地促进了物流行业的物流速度与物流体验，但这只是初步，互联网技术还有更大的生态系统。充裕的互联网信息并不一定是越多越好，信息得有价值，而且要真实可靠，所以物流企业在采用互联网信息的过程中，需要有强大的支持系统来鉴别信息、分析信息。此外，互联网信息的透明度也是需要考虑的内容。

另外，物流行业在与互联网结合的过程中要实事求是，拒绝盲目扩大，要结合实际情况建设自己的物流移动互联网平台或者网络终端服务，而且要做到充分调研，摸清物流服务范围的特点，合理利用资源，做到物尽其用。

智能电商兴起物流新布局

智能电商与物流行业完美结合，开始构建一款基于互联网智能化的电商物流。而物流行业也不断地探索自己的发展空间，在地产行业、供应链金融方面寻找新的布局。物流新格局的氛围正在形成与强化中。

1. 物流与电商的紧密结合催生物流配送新体验

在各大电商风起云涌的崛起之势的推动下，物流被牢牢吸引到了电商这一行业中。纵观当下的电商行业，各大电商巨头在适应了物流技术与互联网技术的变革后开始谋求新的发展方向，而且各大电商从自身的特色出发，开始塑造不一样的物流服务体验。例如，阿里巴巴有自己的菜鸟平台，正在全国范围内的物流领域占领场地；京东有自建的京东大物流，物流开始由一二线城市向三四线城市拓展。

在这里，我们对菜鸟平台的智能物流体系进行分析，了解其在物流配送方面的新面貌。

（1）揭秘菜鸟平台。菜鸟平台是一个开放的大型综合物流体系——菜鸟网络。菜鸟网络整合了代表"天网"的淘宝、天猫的海量交易信息及物流信息，又整合了代表"地网"的各个配送中心的物流资源，实现了通过"天网""地

网"更加高效、精准地配置物流资源，让物流配送效率获得全面提升，同时该平台也大大缩减了物流配送的成本。

（2）菜鸟平台物流服务方案。菜鸟平台除了利用大数据技术为用户提供传统的快递服务外，还借助电商平台提供仓储配送网络服务、跨境网络服务，能够为物流用户提供云服务和大数据分析服务。为了解决"最后一公里"的配送问题，菜鸟网络推出了专门面向农村的卖家及消费者的农村物流服务。菜鸟网络的服务主要集中在以下几个方面。

①仓配网络服务：商家产品统一入库，节约物流成本。

②快递平台服务：整合零散资源，实现标准化发展。

③菜鸟驿站：解决"最后一公里"配送的良策。

菜鸟平台的一体化服务和前瞻性设计获得了市场的极大认可，这也为更多的物流企业提供了可借鉴的物流完善方案与措施。

2. 物流地产改革的碰撞

物流地产是指用于物流环节的地产资源，比如物流仓库用地、配送中心用地、分拨中心用地、物流园区用地等。物流地产作为物流活动的载体，对物流活动的高效运转具有重要的作用。

物流与地产行业的融合形成了以下几种物流地产模式。

（1）以地产商为主导的物流地产承租并管理模式

该模式是地产商以投资开发商的身份，进行物流基础设施的投资建设。在物流地产设施建设完成之后，地产商开始向物流商出租或出售自己的物流地产设施。这一模式为物流企业提供了便捷的物流基础设施，避免了因亲自开发物流地产而造成更多资金流出。

（2）物流商自建自营物流地产的模式

该模式是物流企业作为投资开发商进行物流地产的投资建设。这种模式可以在很大程度上满足物流企业经营需求对设施的要求。而且这种模式也会让企业节省很多租赁相关物流设施的租金支出，同时自建自营模式能够增加物流企业的固定资产，在折旧费用方面会享受到国家的税收优惠政策。

我国很多物流企业都选择了自建自营物流地产的模式。

（3）物流商与地产商的合作经营模式

该模式是物流商与地产商通过协商达成一致的合作模式。二者共同投资物流地产项目的建设，到了物流的运营阶段，根据合同约定共同分享收益，或者共同承担经营风险。

这一模式可以让合作双方都获得一定的经营管理权，共享收益，当然也会要求双方共担风险。

（4）以第三方为纽带的物流商与地产商合作模式

该模式是在物流商与地产商之间引入第三方中介，由中介来负责整合双方的资源，以及双方资格、实力等方面的审核工作，然后使其达成一致的合作意向并进行物流地产项目的开发。在这种模式中，前后的管理工作都由第三方中介招募的管理企业负责，并且管理企业会根据协议对物流企业和地产企业的收益进行分配。

这一模式的可取之处是经过第三方的背书和有效审查，可以最大限度地降低物流商与地产商的信用风险，也能够避免合作后期物流商与地产商在项目运营、利润分配和风险分担方面出现矛盾与冲突。

3. 供应链金融注入物流金融新活力

物流金融是物流企业发展的活力所在，而供应链金融的加入，让供应链全

流程的众多中小物流企业的发展有了更多的资金支持。

（1）物流金融。指在物流业务运营中，物流企业通过对其资产的质押，获取银行贷款。

（2）供应链金融。指银行以核心企业为中心，通过有效管理中心企业的上下游企业的资金流、物流等要素，来实现对各类信息的多维度整合，从而通过更加灵巧的金融产品和服务将单个企业不可控制的风险转变为供应链中企业整体的可控风险。

供应链金融丰富和拓展了金融服务的范围和目标，其服务范围从供应链的起始端开始，一直进行到供应链的末端，也就是从上游的原材料商、供应商到中间环节的生产商、销售商，再到下游的消费者（如图2-1所示）。这种依靠价值链走向的供应链金融模式能够为供应链上的所有企业提供金融服务。

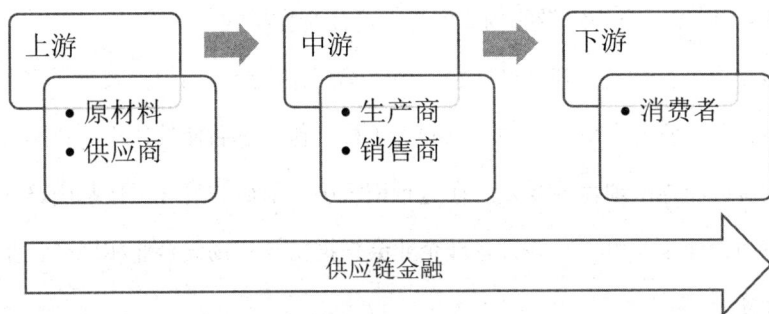

图2-1　供应链金融

（3）物流企业的供应链金融模式。物流企业打造供应链金融模式主要是为了解决中小物流企业的融资难问题。这种物流企业供应链金融模式的思路是以物流供应链中大型物流企业为抓手，再整合上下游物流企业，进行物流资产的质押融资筹款。

智能运输开启货运O2O平台体系

互联网技术的渗透与互联网平台的兴起，让智能运输成为可能。智能运输是更加高效的运输方式，是未来物流运输的选择。在移动互联网的推动下，智能运输将会朝着更加合理化的方向发展。

1. 互联网+运输体系下的货运O2O平台

货运O2O平台是互联网技术进步的产物，它将货物运输车辆的线下信息整合到了互联网技术做支撑的线上平台。在这样一个信息平台上，有效信息能够进行有效匹配。

目前，货运O2O平台的应用对物流行业产生了重要的影响，有效解决了传统物流面临的车货匹配难、行业分布零散等问题。今后货运O2O平台在不断发展的过程中需要解决好以下问题来消除物流行业的瓶颈。

（1）全方位利用网络技术，提高资源的利用率。货运O2O平台需要继续完善一体化的线上线下信息平台，利用网络技术，开放更加全面的数据资源，让物流企业在监管、运营、交易等环节能够高效运用信息资源，从而减少成本。

（2）扩大货运O2O平台的使用范围，打造生态系统模式。在信息平台运营的成熟阶段，需要加大市场的开放力度，让更多的人加入平台体系的建立与

运营中。

（3）依托平台的信息力量，让车辆资源实现最大化的配置。货运O2O平台要充分利用信息技术来实现车辆的有效对接，让车辆的使用率保持在一个较高的水平。

（4）优化信息共享模式，让车货双方能在货运O2O平台中充分发挥各自的作用。这就需要不断解决货运O2O平台出现的各种问题，适时更新平台内容，不断开发新的潜能，让货主与车主在这个平台上无障碍沟通匹配。

2014年8月投入运营的罗计物流，其App分为货主版和司机版。司机可通过App搜索需求方发布在平台上的车辆需求信息，查询其货品种类、具体方位，综合判断自己的条件能否为需求方提供服务。如果条件符合，则会接受订单，进行后续的物流运送服务。

类似的物流货运App品种繁多，它们都以平台提供的身份来为货运需求方和司机客源需求方提供服务。物流App的出现让物流货运从线下转移到了线上，是货车司机与货主之间进行联系的有效途径。

2. 智能货运O2O运作模式的实践路径

目前，智能货运O2O的运作模式主要有以下三种。

（1）以神盾快运等为代表的同城货运模式。该模式的货运平台实现了线上线下一体化的整合，主要是利用互联网技术迅速收集货主和车主的信息，并对货主和车主进行有效匹配。这在车主和货主之间架起了一座桥梁，极大地方便了货主找车和车主找货，有效地将各方需求者通过互联网技术进行联结。

（2）以货拉拉为代表的抢单模式。该模式源于滴滴推出的抢单模式，但由于货运订单发生的概率不及客运订单的概率高，因此该模式在一定程度上只适合于经济发达的大城市。

（3）以省省回头车为代表的跨城运输模式。该模式的货运平台基于移动互联网LBS，为货车司机和货主提供信息及交易服务。省省回头车App适用于车主、货主、物流公司等从事物流运输的人员或公司。

众包智能配送实现资源整合和高效配送

众包物流的提出是为了整合社会资源，提高物流配送效率。众包物流实质上是一种共享物流，通过众包物流共享信息平台，参与众包物流的自由快递人就能够收到相关信息，然后根据自己的具体情况进行物流订单选择，再进行订单配送，最终在订单完成之后会得到相应的报酬。

1. 对众包物流的理解

所谓"众包"，是指大众都可以参与服务的一种模式。而"众包物流"就是大众都可以参与的物流服务活动。这里的"大众"指除专业人士之外的大众，我们一般称他们为自由快递人。此外，这里的物流活动关注的重点环节是物流的配送环节。

众包物流是一种新的物流理念，这种新理念主要体现在其打破了传统的物流思维模式，将社会闲散的人力与物力有效地利用起来。这不仅可以实现物流配送的目的，还在一定程度上节约了社会资源，有利于环保。例如，一些顺风车在物流配送方面的使用，使得车辆行程能够被充分利用，而且减少了物流公司配备专门配送业务员的成本。在2015年的"6·18"促销活动中，京东就采用众包物流模式进行订单的配送，在极大程度上缓解了京东短时间内大规模订单增长带来的配送压力。同样，亚马逊也曾花重金打造众包物流。

2. 众包物流在外卖行业中的应用

众包物流在日益兴盛的外卖行业中也开始应用，这主要源于众包物流能够提高配送效率，增加客户服务满意度。

其实，关于外卖行业的物流选择，众包物流或许并未得到普遍的认可，外卖行业也在纠结是自建配送物流，还是选择众包配送物流模式。下面的例子可以作为参考。

（1）自建配送物流的代表——到家美食会

到家美食会成立于2010年，其运作模式是"管理系统+人工物流"，用户只要在其平台上下单，到家美食会的服务人员就会将订单交给餐厅，然后在一段时间之后会到餐厅取餐并送到客户手中。

采用自建物流模式的到家美食会相当于从餐厅获得了外卖配送业务的外包，餐厅无须向到家美食会集团提供任何服务费用，到家美食会则会通过赚取用户的配送费和餐厅给予的价格与平台价格之间的差价来获取收益。

为了更好地进行配送业务，到家美食会对服务地点、服务餐厅的选择都比较严谨。它会合理选择服务的区域，避开一些拥堵的交通主干道，以及白天基本上是老人和儿童的社区，选择受当地民众青睐的餐厅进行配送服务。

（2）众包配送物流的代表——爱鲜蜂

爱鲜蜂着眼于现代化的快节奏生活，它利用社区便利店这一广泛的资源，打造"众包+产品"的服务模式。因此，爱鲜蜂没有自己的配送人员，而是通

过各个便利店的店主来完成"最后一公里"的配送。

爱鲜蜂的"众包+产品"模式，主要通过产品渠道及利益分成的模式鼓励便利店为顾客提供优质的服务。也就是爱鲜蜂与产品生产商进行合作，将优质产品注入便利店，然后通过便利店提供给消费者，这样产品的价格会显著降低，而销量会有一定的上升，用户体验也较好。

从以上实例可以看出，不管是自建物流还是众包物流，对外卖行业来说都有可取之处。尽管自建物流需要较高的成本，但是凭借其优质的服务也可以实现外卖业务的发展。而众包物流，也由于其极致的配送体验而获得了用户的认可。所以外卖行业配送物流的选择需要根据自己的发展模式及动向来确定。

3. 京东众包：众包模式的集大成者

物流众包能够整合社会闲散人力进入物流行业提供服务。"京东到家"便是个例子，它敏锐地嗅到众包物流给自身物流配送发展带来的便捷，便推出自己的"京东众包"物流配送模式。

众包配送有三种模式，分别是基础模式（两点之间的直接配送）、二级模式（多点订单整合的配送）、三级模式（大量订单需要中转环节的配送）。目前，应用在实践中的众包物流模式还只是基础模式，因此，京东的众包物流模式还处在最初的基础模式阶段。

在京东众包模式下，任何地理位置的众包平台用户都可以参与到京东物流的配送环节中，并从中获取一定的报酬。京东众包以较低的门槛吸纳着广大的配送人员，愿意参与配送活动的申请者只需要下载安装京东众包的移动应用软件，注册信息并登录，经过一定的培训之后就可以接单进行配送活动。

智能商业时代的物流新体验

共享经济的发展，让物流行业的市场有了更深入的拓展。而物流外包、物流信息平台的建立，让共享物流成为可能。共享物流高度整合社会资源，实现了物流资源的合理化和效益最大化利用。信息技术的使用，让物流越来越便捷，也让物流更贴近生活。

1. 共享物流实现资源最大化利用

共享物流的出现，解决了传统物流的很多弊端。共享物流让物流信息、物流资源实现共享；共享物流也让物流体系进行连通，使物流资源得到更充分的利用。

现代物流系统是一个庞大而复杂的系统，无论是网络化的注入，还是信息化的投放，抑或是标准化的建设，都越来越壮大。因而，现代物流系统将物流信息、设备信息、仓储信息、人力信息、终端配送信息等容纳到自己的系统里，信息互通共享、协调配置成为现代物流系统的特色。

在"互联网+"时代，依靠线上线下相结合的模式，共享经济开始盛行。而物流共享经济也从自己的特色开始大展拳脚：不管是物流基础设施中的仓库、停车场、货物集散地等，还是人力资源中的搬运工人、司机、配送人员

等，抑或是配套设施中的车辆、叉车、移货托盘等，在共享经济的模式下，这些资源实现共享的可能性越来越大。

共享物流能够实现资源的最大化利用，而共享的基础就是标准化。标准化建设，能够让各种资源处在一个相同的模式里，在这种相同的模式里，资源就能够不受阻碍地自由流动和被使用。

为了提高各种资源的标准化程度，就需要一定的政策规范来约束资源的标准化建设。例如，标准化托盘的循环使用。标准化托盘的循环使用是指借助标准托盘资源的共享，将上下游物流系统连接起来，在带板运输和托盘共用的双重作用下，不用二次装卸，不用倒换托盘就能实现货物交接。从2016年开始，商务部流通司以标准化托盘的循环使用为切入点，实行商贸物流的标准化。

2. 物流App的兴起让物流信息掌上可视

移动互联网的发展使得物流App的应用更加突出。物流App成了物流企业与移动互联网之间深度融合的契机。物流App的普及，让物流操作变得更加便捷，掌上信息动态化打破了人们的思维界限。

当下，随着移动终端技术设备的日益完善，各大物流公司都推出了自己的物流App。手机物流App的便捷性、普适性吸引着越来越多的用户群。物流App的市场应用前景广阔，它可以作为物流服务吸引消费者的切入点。很多物流公司都打造了自己的物流App，如顺丰速运、EMS、人人快递等，用户可以通过这些物流App实时查询快件状态信息、运费和网点位置信息。

3. 智能技术让物流系统更强大

互联网技术的应用，让物流彻底改变了传统的运行模式。如今，大数据、云计算、移动互联网和产业互联网正在兴起，物流行业开始开启智能化时代。

常见的RFID（又称无线射频识别），是一种通信技术，传感器、视频感知技术、GPS与GIS定位系统在物流行业的应用逐渐加深。这让物流的仓储、运输、装卸、搬运、配送环节的工作效率有了极大的提升。

亚马逊曾在西雅图推出过这样一项服务：当地的人们可以在下单的第二天早上喝到新鲜的牛奶。在日本和法国，亚马逊将仓储物流服务与LBS结合，顾客可以在手机或无线设备中输入所在地的信息，然后利用终端设备GPRS定位寻找距离最近的送货点。而在很多地方，亚马逊会将货物送到离顾客最近的7-11便利店，7-11便利店成了用户的提货点，这种根据定位而兴起的便利物流服务，极大地提升了亚马逊的物流服务效率。

以互联网技术为背景的新物流展现出各色面貌，新的物流体验更注重服务体验，无论是线上线下操作，还是智能技术的利用，物流服务在智能信息时代的变革关键是要抓住机遇，不断进行革新，这样才能创造智慧物流，让物流体验升级。

拓展阅读：国内外在供应链金融方面的实践

国外物流公司中实践供应链金融模式最成功的是UPS（United Parcel Service，联合包裹速递服务公司）。UPS的供应链操作主要由其资本公司UPSC负责完成。

UPSC主要解决供应链金融模式下的贸易商流动性相关的问题。UPSC作为全球最大的物流公司UPS的财务部门，有充裕的资本从事较大规模的融资业务。UPSC利用自身优势在UPS取得上游供应商的货物后，一般会同时要求供应商提供出口清关的手续及货运单据，提前将货款结算给中小企业供应商，因此，中小企业供应商可提前取得货款，而UPS则能获得一笔让货物进行后续物流环节的物流服务费用，以及一笔出口清关的手续费。

以UPS与沃尔玛进行的供应链金融合作模式为例。首先，UPS联合沃尔玛与供应商签订多方合作协议，为两者提供物流服务。其次，UPS作为中间结算商，在供应商货物交付UPS物流机构的两周内，让UPSC把货款支付给沃尔玛的货物供应商。这样沃尔玛的供应商，即本来的出口商就会有足够的资金进行业务的运转。同时，UPS会接收到出口商提供的包括出口清关在内的全程货运业务及相应的物流服务费用和一定的融资费用。最后，UPSC还会代表持有货物的UPS与沃尔玛进行统一的贷款结算。

在我国，非金融机构是没有权利经营融资租赁业务的，因此，供应链金融会以银行等金融机构为主导，以物流企业为从属，进行供应链金融的运作。

（1）平安银行与国内三大物流巨头——中外运空运发展股份有限公司（中外运）、中储发展股份有限公司（中储）和中国远洋运输集团（中远集团）的合作，是国内供应链金融运作的开始，他们签署了"总对总"的战略合作协议，以代收货款、托收、融通仓等方式进行金融业务的往来。自此，供应链金融实践在全国范围内迅速展开。

（2）怡亚通是国内供应链金融方面实践成功的企业，它通过整合供应链上下游的各个环节，形成了集物流、采购、分销于一体的一站式供应链管理服务，在提供物流配送服务的同时还提供采购、收款及相关结算服务。同时，怡亚通模式没有保存大量存货，从而避免了存货的风险，降低了存货的成本。

（3）顺丰在不同的供应链金融融资产品方面的探索，主要有以下几点。

①仓储融资。该融资模式开始于2015年3月，它在将全国范围内的仓库对广大厂商开放、为广大厂商提供仓储备货服务的同时，还为厂商提供仓储融资服务。也就是厂商对仓储货物进行抵押，可以获得价值100万~3000万元的资金。其具体操作是：顺丰对厂商的货物进行有效的监测和记录，对厂商的信誉进行判定，然后会提供以下两种贷款融资服务。

先款后货：顺丰先提供资金给厂商，厂商利用这笔资金进行货物采购，并将货物存储在顺丰的仓库中。

先货后款：厂商先将货物存储在顺丰的仓库中，然后顺丰对货物的价值进行判断并给厂商提供一定的资金。

②订单融资。该融资模式主要面向与顺丰存在长期合作关系的客户。当客户向供应商提交订单时，也会将订单信息交给顺丰，由顺丰全权负责该订单的所有流程，使客户享受到一站式的供应链金融服务。

③顺小贷。该融资模式主要面向信誉良好而且与顺丰有着合作关系的实体经销商和电商。顺小贷的贷款额度是5万~100万元。顺小贷给顺丰带来了很多的优质商家资源，提高了客户的黏性。

④保理融资。该融资模式主要建立在顺丰与供应商签订的货物购销合同的基础上。顺丰会买断其供应商对顺丰的应收账款，也就是顺丰将本来应支付给供应商的应付账款最终以低息贷款的形式支付给供应商，让供应商有持续的资金进行经营活动。

第三章

物流战略管理：

合理规划，找准经济增长点

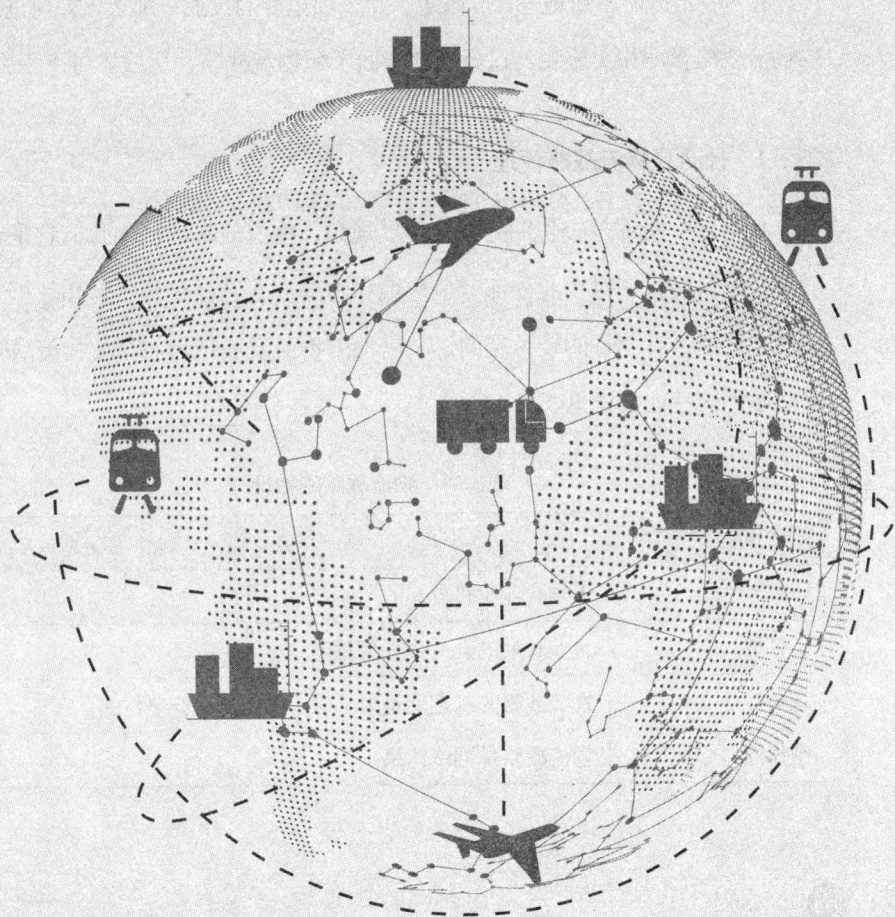

物流战略管理依据的基本点

作为公司的物流战略管理者，清楚地认识物流战略在公司职能战略中的地位，并对物流战略不断地完善和改进，是一项重要的技能。那么该如何进行公司的物流战略管理和实施呢？这就需要全面了解物流战略，然后才可下手去做。

1. 什么是物流战略管理

战略，一般都是较长期的企业发展规划，物流战略也是如此，它是企业为实现经营目标，在对企业外部竞争环境和内部资源进行充分了解和分析之后，针对企业的目标制订的较长期的、全局性的物流发展规划。企业物流战略还有一些明确的特征（详见表3-1）。

表3-1 物流战略的特征

特　征	具体内容
目的性	谋求企业生存发展的空间
长期性	企业长期的发展目标与对策
竞争性	物流战略的制定就是为了保持企业长期竞争性的存在
系统性	物流战略是网络体系

当然，物流战略是由不同的模块构成的（如图3-1所示）。

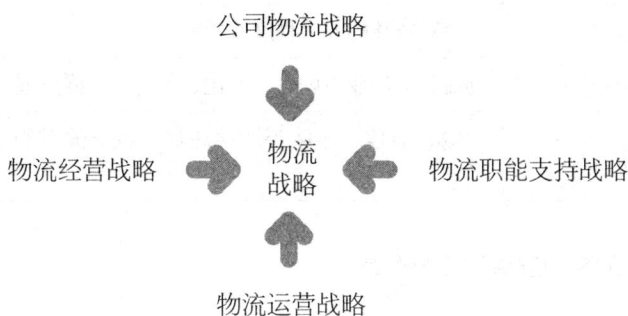

图3-1　物流战略

2. 物流战略该怎么制定

当企业要制定物流战略时，首先需要制定战略的负责人对公司内外部环境有一个全面的把握和评价，这是制定物流战略的基础。企业内外部环境包含非常多的内容（详见表3-2）。

表3-2　企业内外部环境分析

分析对象	具体内容
物流系统内部分析	客户服务的度量标准，原材料的管理方法，运输的选择，仓储的绩效水平，库存的管理水平
物流系统外部分析	供应商存在的不足，影响客户数量的主要因素，消费者物流购买意愿的强弱
技术评价与分析	对物流各环节技术水平的分析考量
机会分析	对当前的物流过程进行分析，找出需要改进和存在潜力的环节
成本效益分析	让物流服务水平的改进提高客户的满意度
行业竞争性分析	知己知彼，了解行业情况，分析自身优势制定战略
地区特征分析	地理区域的交通状况和人口密度对物流的影响

续表

分析对象	具体内容
渠道结构	物流功能的实现途径怎样安排
社会经济发展趋势	社会对物流的需求程度及影响
物流服务产业趋势	物流服务产业应朝着智能化、信息化方向发展
相关法律法规	运输、通信、金融等法律法规对物流的限制与帮助是怎样的

3. 物流战略的选择与资源配置

物流战略种类繁多，分析完企业的整体情况之后就要做出选择，那么企业该如何选择物流战略，如何配置物流资源，从而让物流战略顺利进行呢？

（1）在选择物流战略时，要明确物流战略方案选择的依据。

①适宜性。物流战略要与企业自身的条件相适应，即物流战略是否有效地利用了企业现有的各种资源；在物流战略实施的过程中能否克服企业在某些方面的弱点；同时，该战略的实施能够克服一定的内外部障碍，保证企业顺利地进行战略实施。

②可行性。物流战略的实现程度如何，即企业现有的条件能否支撑企业进行战略实施。

③可接受性。物流战略实施的结果在多大程度上会被接受，即物流战略实施所带来的效益对企业发展的影响，这个结果能否满足最初的预期。

（2）为保证企业物流战略的实施，需要对人力资源和物流资金做有效配置。

①人力资源配置。以岗定人，物流管理岗位必须要有专业的管理和技术人才；做好人才储备工作，为岗位持续不断地输送必要的物流人才；把握好物流战略实施队伍的整体水平。

②物流资金配置。做好全面的财务预算工作，保证在实施物流战略的过程

中有充裕的资金来支撑物流战略的持续进行。

4．如何实施物流战略

所谓企业物流战略的实施，就是为了执行战略所采取的一系列行动和措施。物流战略的实施过程是：制定实施政策→调整组织结构→实施战略（如图3-2所示）。

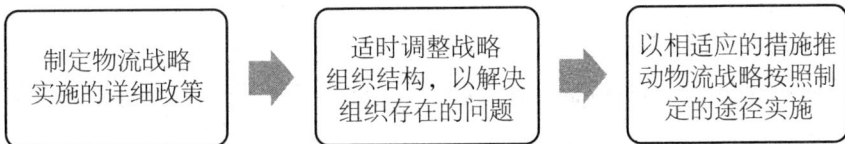

制定物流战略实施的详细政策	→	适时调整战略组织结构，以解决组织存在的问题	→	以相适应的措施推动物流战略按照制定的途径实施

图3-2 物流战略的实施

了解物流战略目标

物流战略目标是物流企业对未来经营成果的一种预期，它为企业指出了发展方向。企业物流战略的制定需要一定的战略思维来做铺垫，战略思维是企业生存发展不可缺少的无形资源。战略思维具有全局性，能够顾及企业的各个方面，合理地制定出企业的战略目标。

1. 战略思维是制定战略目标的基础

（1）战略思维的概念。战略思维是指思维主体对关系事物全局的、长远的、根本性的重大问题的谋划决策过程。战略思维是一种整体性思维，有前瞻性、全局性、重点性、复杂性、创造性、开放性、自觉性等特点。战略思维具有指导作用，能指导企业物流管理者按照实际需求来制定物流战略。

有了战略思维，企业就可以思考自己的物流战略愿景、战略使命、战略定位。战略思维如同指导方针，对企业战略目标的制定具有指导作用。所以提高战略思维能力是企业一项必不可少的工作。那么企业如何培养和提高战略思维能力呢（详见表3-3）？

表3-3　培养和提高战略思维能力的方法

方　法	具体内容
调查研究获取战略决策所需的各种信息	信息是决策的基础，通过实地调查研究获得的真实数据能很好地启发战略决策者，帮助其塑造实践性思维
理论基础素养和信息储备能给思维更明确的指导	物流决策者战略思维的培养离不开不断的学习、全面的学习。无论是经济、管理、科技方面的知识，还是政治、法律、文学、历史方面的内容，充足的理论知识和信息储备可以帮助物流管理者塑造战略思维
先进的方法加工信息	利用先进的、系统的方法对所需要的信息进行加工，可以更高效地利用信息
通过实践来强化思维能力	培养战略思维，是为了在实践操作中可以做出更好的判断。实践可以检验思维的合理性。实践也是一个探索物流发展规律的过程，是决策者领导素质能力的展示过程

（2）物流战略目标定位。是指物流企业将自己的物流战略放在一个怎样的高度，要在哪个方面进行发展。

2. 什么是物流战略目标

物流战略目标是一个系统性的目标，是企业对未来物流经营活动预期成果的一种期望值。物流战略目标是企业战略的重要内容，它给出了企业发展的方向及操作的标准。企业设定物流战略目标，是为了确认企业物流的经营目的和经营使命。物流战略目标还有其自身的特点。

（1）全面性。物流战略目标既着眼于当前，又展望于未来；既顾及现实利益与长远利益，又顾及局部利益和整体利益。

（2）挑战性。物流战略目标还有激励作用。当物流战略目标符合广大员

工的共同利益时，就能激发出所有组织成员的工作热情和奉献精神。

（3）可量化性。物流战略目标可以衡量企业物流管理工作的成果。

3. 物流战略目标体系

因为物流本身就是一个系统概念，牵一发而动全身，所以物流战略目标也是一个庞大的体系，它会关涉物流的各个环节。再加上物流战略目标具有全面性、挑战性、可量化性的特点，因此，每一个物流战略目标体系一般都包括以下内容。

（1）客户服务目标。这是企业物流战略的首要目标。高水平的物流服务，可以依靠更多的储存地点来分散仓储，为客户提供更便捷的物流服务。

（2）选址战略。企业依据产品的移动过程和相关成本来确定物流设施的数量、地理位置、规模。

（3）库存战略。企业依据各种方法对存货的库存水平进行管理。

（4）运输战略。企业对运输方式、运输批量、运输时间、运输路线的选择及规划。

先知悉企业概况，再进行物流战略目标设定

企业要制定物流战略目标，就需要在战略性思维的基础上，利用一定的方法来对企业的内外部环境及资源进行全面的认识，这样才可以制定出符合实际需要的战略目标。SWOT分析法是企业制定战略目标广泛采用的一种分析方法。采用该方法进行物流战略目标的制定，能对企业有一个较为全面的衡量，也可以让企业最终的战略目标更具有适宜性和可接受性。

1. SWOT分析确定物流战略方向

首先，需要对SWOT分析方法的具体含义有一个认识。

S（strengths）指企业内部的优势，W（weaknesses）指企业内部的劣势。

企业内部的优劣势主要是相对于竞争对手而言，表现在企业的资金、技术设备、职工素质、产品市场、管理技能等方面。

O（opportunities）指企业外部的机会，T（threats）指企业外部的威胁。

企业外部的机会和威胁是企业无法控制的。企业外部宽松的政策、技术的进步等可能是企业发展的机会，对制定相应的战略目标有利。而紧缩的信贷、原材料的价格上涨、税率上升等可能是企业发展的威胁，对制定战略目标不利。

SWOT分析表可以很好地展示SWOT分析的具体内容（详见表3-4）。

表3-4　SWOT分析表

企业内部条件		企业外部条件	
优势（S）		机会（O）	
劣势（W）		威胁（T）	

2. 物流战略的SWOT分析实践

上海作为我国的对外开放口岸和经济、金融、贸易中心城市，在发展的过程中吸引了越来越多的跨国公司投资建设，这些外资企业迫切需要综合性、全方位的现代化物流服务，以便为其提供物流方案策划，以及运输、仓储、配送、包装、分拣、报关、订仓、保险等多种形式的物流服务。

此外，这些跨国公司为了满足多变的市场需求和生产计划，降低生产成本及运营成本，基于上海独特的地理位置优势和经济优势，纷纷寻求在上海建立面向中国的物流分拨中心。这种新兴市场需求的增长，为上海机场发展国际物流服务，推动国际航空货运及中转货运的增长，为国际航空运输物流枢纽的早日建成提供了良好的发展机遇。

上海机场发展现代物流的另一个重要需求是航空快件运输。随着经济的发展，由于商品生产多样化、小批量化产品的生产周期开始缩短，货主对运输速度、时间的要求越来越高，国际航空运输业务快速增长，已成为推动上海机场物流高速增长的重要因素。

随着全球机场中枢辐射结构调整的深入，枢纽机场的竞争日趋激烈。而上海浦东、虹桥机场作为亚太地区的枢纽，以及太平洋西岸的重要物流基地，其在物流方面的价值越来越被看重。上海机场建设国际物流基地的周边竞争压力巨大。首先，其货运量远远小于香港、东京等机场，与首尔、新加坡、台北也有一定的差距。其次，由于我国的航线密度较分散，尽管上海是我国重要的门户机场，但是其航线相比香港、东京的航线密度要小。上海机场所处的地域航空物流增长潜力巨大，但是该地区域狭小、市场重叠严重，未来的市场竞争将极为激烈。

此外，虹桥机场还受到现有基础设施和周边环境的限制，处于超负荷的工作状态。虹桥机场的货运区规划无序、仓库设置不合理、货运站管理与运作不完善、货运代理业务混乱，这些严重影响了虹桥机场的合理使用，根据分工和定位要求，虹桥机场进一步完善现有的物流设施，并努力开拓货运代理功能，积极向现代化物流转变。

对以上有关上海浦东机场和虹桥机场的描述进行总结，可以得出上海机场物流战略的SWOT分析量表（详见表3-5）。

表3-5 上海机场物流战略的SWOT分析量表

企业内部条件		企业外部条件	
优势 （S）	市场需求大	机会 （O）	独特的地理位置，经济优势，新兴市场需求增长
劣势 （W）	浦东机场货运量小，航线密度分散；虹桥机场设施不完善，货运规划无序，仓库设置不合理，货运站管理和运作不完善，货运代理业务混乱	威胁 （T）	竞争对手增多

可以看出，通过SWOT分析，能清晰地将企业所面临的优势与劣势逐一表现出来。通过SWOT分析，企业对自己的定位会更加明确，在制定物流战略时，企业就可以利用机会和优势扬长避短，确立自己的物流战略定位。

落实物流战略也要有法可依

制定物流战略及制定后的实施，都有一定的方法可寻。物流企业在制定自己的物流战略之后，需要依据另外一种方法来促进这一战略的实施。像物流的供应链战略、物流采购战略、物流仓储战略、物流运输战略，这些都是确定的战略，那么该通过什么方式来实现这些战略呢？这需要发挥物流的控制管理过程作用，督促这些战略由设想层面落实到地面。

1. 企业供应链战略的实施

供应链战略是企业面对激烈变化的、严峻的经营环境，为了完成自己的使命和实现预定的目标，对客观因素进行充分考虑的前提下，拟订解决企业整体性、长期性、指导性问题的方案。

物流企业供应链战略的实施方法有五种（详见表3-6）。

表3-6　供应链战略的实施方法

方　法	内　容
指令模型	总经理以设计师的身份运用经济分析和竞争分析来规划资源的分配，以达到物流企业的目标
转化模型	该方法指直接面对战略实施问题，利用组织结构、激励手段、控制系统来促进战略的实施

方　　法	内　　容
合作模型	高层管理者要集体进行战略决策和制定，总经理调动高层人员的能动性，使持有不同观点的管理者为战略制定做出自己的贡献
文化模型	在组织中灌输一种适当的文化和价值观念，进而让其推动企业战略的制定
增长模型	运用委托代理形式来对战略进行考察，将企业人员划分为"战略制定者"和"战略实施者"

2. 企业采购战略的设计

采购就是企业从多个可供选择的对象中选择购买自己所需的物品，这里的采购对象可以是市场、厂家、商店，也可以是物品。

采购战略管理中最重要的就是采购流程的设计。企业采购流程设计一般都比较相似，有九个步骤：采购申请→选择供应商→价格谈判→签发订单→追踪订单→接收货物→质量验收→核对发票→付款结算。每一个步骤都紧密衔接。

但是，在采购流程设计的过程中，也需要注意一些问题，避免将采购过程设计得过于烦琐（如图3-3所示）。

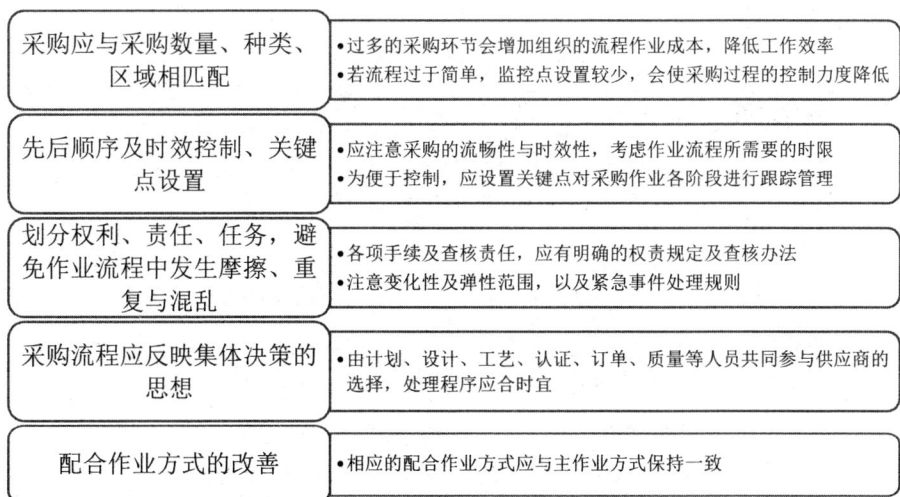

采购应与采购数量、种类、区域相匹配	•过多的采购环节会增加组织的流程作业成本，降低工作效率 •若流程过于简单，监控点设置较少，会使采购过程的控制力度降低
先后顺序及时效控制、关键点设置	•应注意采购的流畅性与时效性，考虑作业流程所需要的时限 •为便于控制，应设置关键点对采购作业各阶段进行跟踪管理
划分权利、责任、任务，避免作业流程中发生摩擦、重复与混乱	•各项手续及查核责任，应有明确的权责规定及查核办法 •注意变化性及弹性范围，以及紧急事件处理规则
采购流程应反映集体决策的思想	•由计划、设计、工艺、认证、订单、质量等人员共同参与供应商的选择，处理程序应合时宜
配合作业方式的改善	•相应的配合作业方式应与主作业方式保持一致

图3-3　设计采购流程的注意点

3. 物流仓储战略的规划

仓储是利用仓库存放、储存未即时使用的物品的行为。仓储战略涉及物权、数量、规模、储量和位置。仓储战略关注的是仓库应该选择什么样的类型、设置多少、每个有多大、储存什么产品、在哪里建造等问题。

仓储费用是仓储过程中最主要的问题，不管企业是存储原材料、半成品还是成品，都需要对仓储费用进行把控。企业要从存储总费用最小的原则出发进行综合分析，来寻找一个合适的订货批量和订货时间。

因此，在对仓储系统进行规划与合理化仓储设计时，一定要注重这些原则：仓储设施简化原则；仓储作业设备都处在同一个平面作业的平面设计原则；物流与信息流的分离原则；最大化仓储设施设备使用率的柔性化原则；物料处理时间及次数最少的原则；最短移动距离，避免物流线路交叉的原则；仓储设施设备投资成本与未来收益相匹配的平衡原则。

此外，构建基于智能技术的分布式仓储网络，成为新的物流仓储选择。这也就需要做好分布式仓储管理（详见表3-7）。

表3-7　分布式仓储管理

管理对策	内　容
确定供需管理协调机制	要明晰企业的货品供源、订货批次等相关信息；供需双方合作时，要寻找共同的利益目标
优化仓储选址、规模、数量	以市场定位仓库：仓库分布在离需求市场较近的位置，能有效保证货品的正常供应，并有效降低成本
	以制造定位仓库：这类仓库分布在距离工厂较近的位置，方便商品装配生产和后续的集中运输
	中间定位仓库：这类仓库位于制造厂和客户的中间位置，可以实现将不同工厂的商品供应给同一个客户

续表

管理对策	内　容
构建信息沟通系统	分布式仓储要求系统内各环节之间实现高效的信息共享，因此需要做到：完善仓储体系的信息沟通网络；组建虚拟协调部门，对仓储运行状态进行跟踪控制；发挥EDI（电子数据交换）、网络技术的作用，保持系统内部各环节的信息畅通

4. 物流运输战略的选择

运输是指运用交通工具将货物从供应点送到客户手中。物流企业运输战略就是对运输方式、运输载体和运输线路的决策。

企业选择运输自营或外包，都要依据一定的因素来做决定（详见表3-8）。

表3-8　运输主体的决定因素

决定因素	内　容
一次性投资	自营运输业务构建一次性投资较少，则建立自营运输业务；否则，支付相应的租金选择外包运输业务
对物品控制和管理的程度	如果外包运输容易出现货损、货差、送货不及时、影响客户满意度等现象，而自营运输可以对运输车辆及货物进行充分控制，则可选择自营运输；否则，可选择外包运输
运输技术的专业性	考虑运输物品的多样性和运输条件的复杂性对专业运输技术的要求，以确定自营或者外包运输
运输工具的利用率	企业需要根据自身的运输需求（运输高峰、低峰对运输工具的利用率）来确定选择哪种运输主体

确定物流运输主体之后，便是物流运输方式的选择，到底选择哪种运输方式，一般的思路是：在保证运输安全的前提下，综合考虑运输时间、运输费用，在到货时间满足要求的情况下，再选择费用最低的运输方式。

物流战略的新选择——第三方物流

第三方物流是指由独立的物流服务提供商提供的物流服务。第三方物流企业可以专注于自己的第三方物流服务提供商的角色，进行物流服务业务的拓展，以客户需求为导向，为客户提供满意的物流服务；而物流需求企业，可以在市场上筛选适合自己的第三方物流企业，来帮助自己进行物流业务的管理与完善，使企业本身专注于主业的发展。

1. 第三方物流再述

第三方物流是一种独立的物流服务，一般企业会利用第三方物流企业的资源，让其为自身提供所需要的物流服务。在今天，第三方物流已演变为可以提供个性化物流服务的模式。

美国的联邦快递是一家以航空运输起步的物流公司，属于第三方物流公司，专门为有需要的企业或者个人提供物流服务。联邦快递的物流飞机由1971年的23架普通喷气机，发展到现今的成百上千架联邦快递飞机，联邦快递的发展创造了一个奇迹。现在的联邦快递，以其出众的转运能力成了一个超级转运中心。

2. 第三方物流企业的地位巩固

第三方物流企业的主要目的是帮助所服务的企业降低物流成本，提高物流效率。这就需要第三方物流企业本身不断强化自己的信息服务平台，要能够起到响应与反馈的作用，也就是物流企业能对物流信息进行全面的搜集，还能利用信息处理系统对物流信息进行计算分析。这也意味第三方物流企业的信息平台是一个非常强大的系统。

上海外联发国际物流有限公司作为第三方物流企业，它运用信息技术为其服务的生产制造商、供应商提供了全方位的信息服务，服务涉及库存管理、装卸配送管理、信息服务等。

作为第三方物流企业，要稳固自己的地位，不仅要有强大的信息反馈处理系统，还要不断地更新自己的服务内容，以便更好地为客户服务。

第三方物流企业作为一个面向社会的物流服务提供者，要不断提高自己的社会化水平，也就是将自己所服务领域的社会物流动态尽可能掌握在手中。

第三方物流企业要实现系列化服务。第三方物流要将自己的物流服务放置在一个服务系统中，不仅要提供某一方面的服务，还要承接与该方面相关的系列服务，利用大数据建立信息系统，扩展自己的服务范围。

第三方物流企业可以为服务对象提供个性化和定制化服务。第三方物流企业拥有独特的身份，可根据服务客户的特殊需求为其提供相应的服务，也可以时时调整服务计划。这种服务模式有利于第三方物流企业获得更多的客户。

3. 物流需求企业的第三方物流选择

企业选择合适的第三方物流服务提供商，对降低物流成本、缩短订单周期和运输时间有着重要的影响。

保洁公司是世界上著名的日用消费品生产企业。它对物流服务的要求是：响应时间及时、服务可靠、产品质量保护体系健全。在选择物流服务商的时候，保洁公司选择了民营储运企业宝供。宝供根据保洁公司的服务要求，为其设计了遍布全美国的物流运作网络，还为其提供全过程的增值服务，使用统一培训的员工进行货物装卸搬运。宝供高质量的服务水平深得保洁公司的信赖，于是，保洁公司中国业务的物流服务就全部外包给宝供负责。

保洁公司成功的选择第三方物流公司对其业务的拓展至关重要。所以企业在选择第三方物流服务商时一定要综合考虑以下几点。

（1）第三方物流要能提高自己的工作效率。企业选择第三方物流时要注重物流服务商的综合信息处理能力，以及服务的专业化水平，以便提高自己的工作效率。

（2）物流服务商的专业化水平。物流服务商的专业化水平越高，越有能力承担更多的物流服务，这可以帮助企业节省费用、减少库存。此外，专业化的服务商还能让企业专注于自己的主业，不会因为物流而影响工作进度。

（3）第三方物流服务商要能够帮助企业提升形象。有一定影响力的物流服务提供商利用自己的专业化物流服务，不仅能够提升客户满意度，还可以提升公司的品牌形象。

战略评价促进物流战略持续更新

物流战略实施结束之后，我们最关注的就是物流战略的实施结果如何，有没有达到预期。这就需要依据物流战略评价得出答案。物流战略评价是基于物流战略的实施效果，对物流战略做的综合性评价。对物流战略进行评价，首先需要在合理的控制条件下完成物流战略，这样才能够对物流战略的实施过程及实施效果做出合理的评价。

1. 采取策略保证物流战略的实施

为了评价物流战略的结果，我们首先要做的就是采取一定的策略来保证物流战略的顺利实施，此策略主要有以下几种。

（1）设定绩效标准。战略控制执行人要根据公司的具体情况，结合系统的人力、物力、财力等制定物流控制的参照系。

（2）绩效监控与偏差评估。通过一定的测量方式、手段等检测系统进行检测，并依据标准对系统进行偏差分析和评估。

（3）纠正偏差。设计纠正偏差的措施，保证系统战略顺利实施。

（4）监控外部环境。注意外部环境的变动，适时地做出应对物流战略变更的准备。

（5）激励。激励战略控制的主体，以调动其积极性，保证战略实施切实有效。

2. 物流战略控制的内容

为了让物流战略目标达到既定的预期，在物流战略目标实施的过程中，需要对相关活动的进展是否符合战略目标的需求进行控制，此控制内容主要有以下几点。

（1）物流节点的地理位置的选定。这属于事先控制，针对的是配送中心、仓储中心、生产中心的地理位置选定，这将决定之后的运输路线、车辆数量、运输成本。

（2）物流服务控制。指对物流服务质量、成本、交货期等的控制。

（3）质量控制。指对物流工作质量和产品质量的控制，即对产品破损率、事故发生率和服务准时率、顾客满意度的控制。

（4）物流成本控制。指以提高经济效益为目的的对各项成本费用的控制。

（5）风险控制。指对不良事件发生的可能性，即可能性后果的控制。

3. 对物流战略的评价

在对物流战略进行评价时，一般的着眼点是：物流战略的实施有没有解决公司迫切而又棘手的问题。

例如，北京唯真纯水饮料公司在其经营发展的过程中遇到了巨大的竞争压力。第一，客户服务中心的流程都是手工操作，工作人员劳动量大、效率低，管理者无法及时掌握公司的生产销售情况；第二，纯水配送成本太高，再加上客户需求信息掌握得不全面，随机配送加大了配送费用；第三，竞争对手开始进行配送商品多元化，而唯真目前的管理水平较低，过高的成本让其无法实现配送商品多元化。

为此，唯真的管理层希望通过利用信息技术管理系统来提高工作效率，降低运营成本，增强公司的综合竞争力。

最终，唯真选择了杰合配送管理系统进行企业物流信息管理。这让唯真很好地解决了客户资源管理、库房管理、员工管理、员工绩效考核、企业经营状况评估等问题，极大地方便了唯真公司的运营管理。

唯真纯水公司实施信息化物流战略前后，公司的整体效益差异明显，可以看到信息化战略的实施，让该公司的资源得到了充分的利用。物流信息系统让公司的资源实现了整合，极大地优化了公司的经营能力：客户服务中心的工作质量与效率得到了变革和提升，公司的配送运力得到更加有效的利用，解决了公司的进、销、存等管理问题。

物流控制与评价是物流战略制定之后投放到实施环节需要做的工作。控制是针对战略实施过程，对战略实施过程中的各项内容进行控制，使其保持在一个合理的区间范围内。评价是针对战略实施结果，对战略实施前后公司的整体效益进行对比，并做出评价。

拓展阅读：7-11便利店的物流战略体系

7-11便利店是现今全球著名的零售商。7-11便利店在发展的过程中，一直坚持以区域集中化建店战略和信息灵活应用作为实现特许经营的基本策略之一。这一策略的具体操作方式是，在建店选址时，综合考虑生产厂家、批发商、配送中心、总部、加盟店和消费者的整体结构，从而确定店面位置。然后依靠7-11便利店本身的知名度和经营实力，借用其他行业公司的物流、配送中心，来进行自己店面货物的采集配送。这种不完全属于自己公司的物流配送实现了共同集约配送，形成了一条共同配送物流道路。

7-11便利店以它的区域集中化战略和共同配送战略而闻名，同时还融合了不同温度带的运输战略和客户服务战略。那么，这些战略究竟是如何让7-11便利店实现发展的呢？

（1）7-11便利店的区域集中化战略，是指在一定区域内相对集中地开多家店铺，待这一地区的店铺达到一定数目后，再逐步扩展建店的策略。7-11便利店利用这种办法，不断增加建店区域内的店铺数量，使得店铺间的距离缩短，同时，配送距离和时间也相应地缩短。这使得7-11便利店的配送更加高效化。合理的配送区域布局，让7-11便利店在有效的区域集中化战略的实施过程中取得了非常显著的效益。

①物流成本降低。7-11便利店的集中建店，使每辆配送车辆的平均行驶距离明显缩短，实现定时配送，可以及时调整配送车辆的装载量。

②配送时间缩短，保证商品的新鲜度。7-11便利店的一部分货物属于快餐，而快餐就要保证它要有很高的新鲜度，7-11便利店的集中配送方式可以解决食品新鲜问题，这就吸引了大量顾客对7-11便利店的青睐。

③竞争对手开店机会减少。7-11便利店的集中建店使得商圈半径缩小，大部分的7-11便利店商圈半径为500~1000米，这样可以使店铺非常高密度地覆盖某一区域，从而有效地减少竞争对手在该区域开店的机会。

④提高区域知名度，强化宣传效果。区域集中化战略能够统一店铺在某一区域集中化布局，提高店铺在该店区域内的知名度，通过这种布局影响，可以让7-11便利店更多地进入当地民众的生活，进而增加顾客的亲切感。

⑤提高运营区域代表的活动效率。7-11便利店设置了众多的运营区域，运营区域也有专门的运营区域代表进行管理。7-11便利店集中化布局使得每个店铺间的距离大大缩短，有利于运营区域代表对每一间店铺的经营活动进行指导和管理。

（2）7-11便利店的共同配送战略。7-11便利店会根据不同地区和商品的划分，组织配送中心，由该配送中心统一集货，再进行各个单店的货物配送。这种配送中心距离一般较近，可以实现高频次、多品种、小单位的配送，有效为各个单店进行货物配送。

7-11便利店建立这种在特许经营总部指导下进行管理的共同配送中心，使得不同特许经营单店进行集约化配送成为一大优势，有效地促进了7-11便利店在全球范围内扩张。

（3）不同温度带的运输战略。7-11便利店在全球范围内建立了不同温度带的配送体系，它会对不同种类的商品设定不同的配送温度，然后采用与汽车

生产厂家共同研发的专用运输车进行货物配送。比如蔬菜、牛奶、加工肉类的配送温度为5℃，杂货、加工食品的配送温度为常温，冷冻食品、冰淇淋的配送温度为－20℃。

（4）客户服务战略。7-11便利店制定的客户服务目标是，在客户需要的时候为他们提供所需要的产品。该战略具体表现为：①只有7-11便利店才可以买到顾客所需要的独特商品；②为顾客提供刚制作完成的新鲜商品；③为顾客永不失望地供货。

7-11便利店的盛行，离不开其制定的一系列物流战略目标。正是这些独特的、适应自身发展需求的物流战略的制定，才使得7-11便利店成为世界便利店界的楷模。

第四章

物流供应链管理：
优化环节，促进物流高效运转

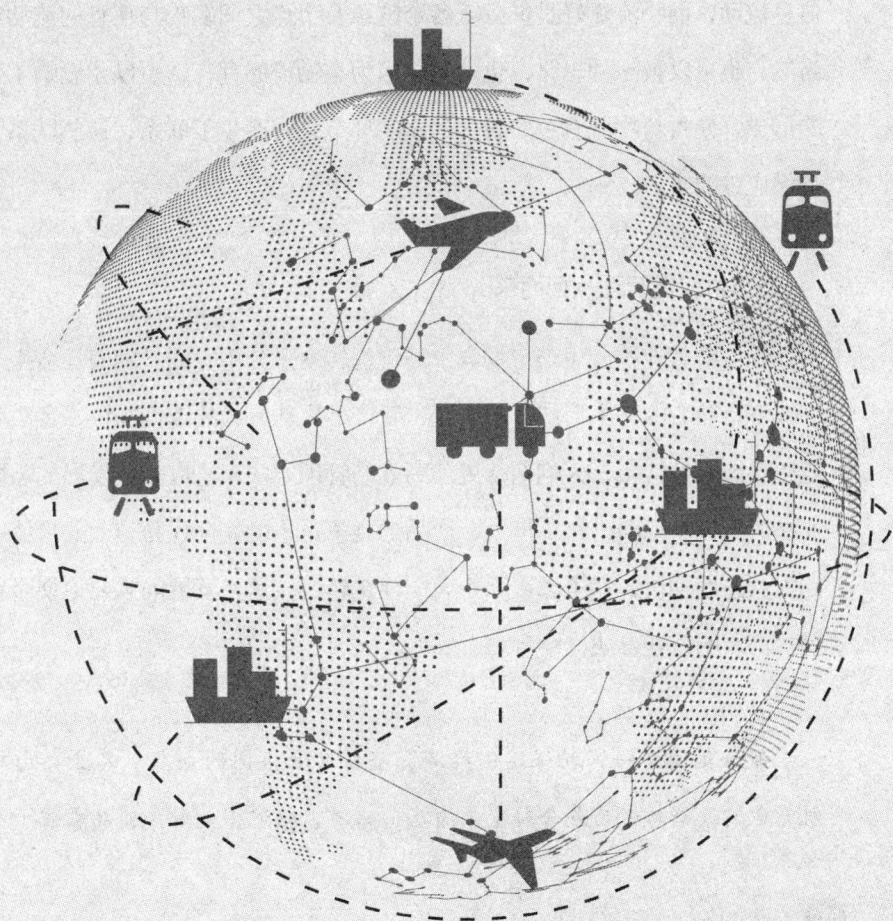

物流供应链管理的基本常识

物流与供应链相辅相成。供应链作为一个网链结构，集成了丰富的物质与信息流动，而物流正好是供应链各个链条及节点之间的物与信息的流动集合。当然，也可以换一种思路，也就是正因为有物流的存在，所以才影响了供应链的形成，使得与物流有关的各个独立的环节之间产生了联系，这些联系就是物流供应链的雏形。

1. 供应链管理从何而来

供应链管理的产生与市场竞争环境的转变是分不开的。随着社会生产生活的改变，社会的竞争形态开始转变，新产品更新换代的速度加快，各类企业的竞争导向开始转变，人们期待更加高效的管理方法来适应企业发展的需要。企业之间的竞争范围进一步扩大，产品的竞争也不能完全代替企业的价值，企业的扩张速度加快，竞争区域开始向全球化转变。这种发展的需要迫使企业开始寻找深层的管理方法。

航海集团是一家扎根实体经济，坚持实业报国的企业。其业务由单一的航空运输逐渐转变为包含航空、酒店、旅游、物流、金融、商品零售、生态科技等的多业态全球化集团。航海集团紧随国家发展策略，践行"一带一路"倡议，在现代物流、现代金融、航空旅游方面不断开拓进取。而物流作为其核心业务，则专注于构建高价值的全球供应链枢纽，打造面向全球的现代物流生态体系。

2. 供应链管理的内涵

供应链管理就是企业对供应链的流程进行计划、组织、协调和控制，来优化整条供应链，这样企业就可以凭借更低的成本将客户需要的商品或服务通过物流送达客户。

企业实行供应链管理的目的是让企业的资源利用更加合理化。企业通过整合供应链各个节点上的相关经营活动，实现竞争力和资源的整合，从而形成更强的竞争力，为客户提供最具价值的产品或服务。当然，供应链管理的最终结果还是增加企业的收益，使企业的效益最大化。

波音公司因为在发展的过程中忽视了对供应链的精简环节，使得其在与欧洲的竞争对手空中客车公司竞争的过程中失去了创新优势。但波音公司也是明智的，其听取建议，根据商业模式设计了专门的供应链，使得公司专注于飞机制造。此外，这种供应链还有利于波音公司与其他公司合作，让波音公司实现了成批量的飞机制造。

3. 物流与供应链管理的作用

物流与供应链管理作为一种社会经济活动，其集成了供应商、制造商、分销商、零售商和用户，这使得供应链中的各个元素都能依靠物流这个庞大的网络，按照供给与需求的方向流动。可见，物流与供应链管理在社会中的作用不容小觑（详见表4-1）。

表4-1　物流与供应链管理的作用

作　用	具体内容
对市场经济的作用	物流保障商品顺畅流通，使商品实现使用价值，同时也开拓市场。供应链让社会资源配置更加合理，让资源的使用程度和使用水平更加合理化
对国民经济的作用	物流与供应链管理对国民经济发挥着带动和支持作用，能够支持国家和地区财政，也能够提供就业机会，同时也是现代科技的发源领域和使用领域
对区域经济的作用	物流与供应链管理能降低区域经济运行的成本，改变区域经济的增长方式；使区域经济形成新的业态，优化产业结构；促进以城市为中心的区域经济的形成与发展
对企业经济的作用	物流与供应链管理相结合的企业管理可以更深度地降低企业成本，为企业的发展开源节流，在降低成本的基础上实现企业价值的增长

合理选择运输路线调度运输

1807年，世界上第一艘轮船在北美的哈德逊河下水，它揭开了机械运输的新纪元，之后，各种新型机械运输形式开始出现。1825年，世界上第一条铁路正式开通；1861年，世界上第一条输油管道在美国铺设；1886年，世界上第一辆以汽油为动力的汽车在德国诞生；1903年，世界上第一架飞机飞上美国的蓝天。

交通运输工具的诞生，让运输有了新的手段。那么在物流供应链管理的过程中，如何取舍这些运输手段呢？

1. 合理选择运输手段

选择合适的运输手段是实现货物运输的基础，考虑以下因素对选择合理的运输手段，以及合理进行运输手段组合会有帮助。

（1）物品种类。物品的形状、单位重量容积、危险性、变质性要考虑。

（2）运输批量。运输批量要考虑。

（3）运输距离。运输距离长短要考虑。

（4）运输时间。运输时间长短与交货期需要考虑。

（5）运输费用。物品的价格对运输费用的承担能力需要考虑。

2. 找因素进行运输管理

运输管理主要是进行运输合理化管理，即选择最短的运输距离、最省力的运输操作、最快的运输速度、最低的运输费用。因为物流合理化在很大程度上取决于运输合理化，所以进行运输合理化管理时，要参照各因素的影响程度做出合理的决策（详见表4-2）。

表4-2　运输合理化的影响因素

影响因素	具体内容
运输距离	在运输过程中，运输的时间、货损、运费、车辆或船舶周转等若干指标都与运输距离有一定的关系，选择更短的运输距离在任何情况下都是有利的
运输环节	减少运输过程中的装卸搬运、包装等环节有利于附加运输费用的降低，尽可能地减少运输环节可以促进运输的合理化
运输工具	对运输工具进行优化选择，根据货物和运输工具的特点进行装卸搬运作业，能最大限度发挥所选运输工具的作用，这是运输合理化中的重要一环
运输时间	缩短运输时间对缩短整个物流时间有决定性作用。这能够加快运输工具的周转，充分发挥运力，有利于客户资金周转、运输线路通过能力的提高，对运输合理化有很大的贡献
运输费用	降低运输费用是运输合理化的重要指标

在现实物流运输中，经常存在一些不合理的运输表现。比如返程或起程空驶、对流运输[①]、迂回运输、倒流运输[②]、重复运输、过远运输、运力选择不当、托运方式选择不当等，针对这些不合理问题，企业在进行货物运输时要尽

---

① 凡属同种货物或可以相互代用的货物，在同一条运输线上或平行的两条运输路线上，采取相对方向的运输，即为对流运输。
② 指货物从销地向产地或转运地回流的一种不合理现象。

可能避免。

此外，车辆运输路线选择和调度在企业成本控制方面非常具有竞争力。也就是说，在运输中要让运输工具找到可以实现最短运输距离或最短运输时间的运输路线，进而实现运输成本最小化。

3. 运输中介实现便捷化运输

运输中介就是运输系统中提供中介服务的服务商，包括货运代理、运输经纪人、托运商协会、多式联运营销公司。

（1）货运代理。货运代理专门代表客户安排商品的提货、储存和运输。货运代理会提供一系列的物流解决方案，包括准备运输和出口的文件、洽谈具有竞争力的运费、预订货仓、合并小批量货物、获取货物保险、提供物流服务咨询等。货运代理通常根据他们的货运提单①进行货物转运。

（2）运输经纪人。运输经纪人是合法授权的托运方或承运方的代理人。作为托运方和承运方的联系人，运输经纪人利用其在运输方面的专业知识和技术来帮助托运双方实现他们的目标。

（3）托运商协会。托运商协会是非营利的、所有权属于会员的组织，旨在为会员提供世界范围内日用品运输的最低价和最佳服务，如国际托运商协会。当然，也存在行业性的托运商协会，如北美食品托运商协会。

（4）多式联运营销公司。多式联运营销公司是联系铁路承运方和托运方的中介，会结合铁路、公路、海运的能力与卡车运输的可能性来运送集装箱、挂车和其他货物。

---

① 英文名是"bill of lading"，是代表承运商签发的文件，是一种海上运输合同。该文件具有法律声明：经正式授权人代表承运商签署的货物发票；对其中所述货物的所有权文件；双方同意的证据条款和运输文件。

4. 小批量货物的零担货物运输

零担货物运输就是当所要运输的一批货物的重量或者容积不够装满一车时，将该批货物与其他批次的货物共同装车进行运输的方式。当企业运输货物的数量较小、品种较杂、批量较多时，零担货运是比较灵活、方便简捷的货物运输选择。而且，零担运输还可以帮助企业有效地管理小批量的货物运输，尽可能地降低成本，提高企业的服务水平和顾客满意度。

从改善设施设备着手优化仓储

在物流中，仓储环节有"蓄水池"的作用，因为仓储，不仅可以使物流上下游环节更协调，还可以调节供应链的上游销售与下游消费的关系。此外，通过仓储这一环节，还可以对运输过程中破损的货物进行分拣和检验，为后续物流环节做好准备；仓储还可以实现集散货物，以及根据客户需要对货物进行配送的目的。

1. 仓储需要设施设备

当货物进入仓库进行仓储时，仓库中会有哪些设施设备来摆放这些货物呢？现代仓库里有着齐全的设施设备。

（1）货架。货架的使用可以让仓库的空间得到充分的利用，而且货架隔板的承托也不会让货物受到挤压，这种存货方式可以高效清点货物，一些新型货架还可以实现机械化、自动化作业，这些都极大地方便了货物的存放。按照不同的标准，货架可以分为几个类型（详见表4-3）。

表4-3　货架的类型

分类标准	类　型
按层架存放货物的重量	重型货架
	中型货架
	轻型货架
按层架结构	层格式货架
	抽屉式货架
	托盘式货架
	悬臂式货架
	阁楼式货架
	高层货架

（2）叉车。叉车也是仓储中的重要机械工具，主要用于仓库中货物的装卸搬运。叉车一般机械化程度较高，机动灵活性也较好。利用叉车可将货物进行合理堆放，这样能使仓库空间得到合理的应用，特别是对于集装箱这些大件货物的搬运，可以很好地减轻工人负担。叉车的成本较低，仓库管理者不需要过多的投资就能配备叉车。

（3）托盘。托盘是进行货物集装、堆放、搬运和运输时放置货物的水平平台，一般有木制托盘、塑料托盘、金属托盘。托盘台面的下面有可供叉车插入并将其托起的插入口。托盘的使用能够减少货物的堆码作业次数，提高运输效率，以托盘为单位，也便于清点货物的数量。

（4）巷道式堆垛机。它主要是配合高层货架工作，自动化程度高、运行速度快、额定载重量也大，提升高度最高可达48米，使用于自动化仓库。

2. 仓储合理化的判定

仓库作为仓储货物的装置，只有充分利用其空间才可以实现更好的经济效益。不管是生产物流的原材料的合理储存，还是销售物流的批发企业和物流中心的库存量，都要处在一个合理的范围（详见表4-4），才会有更好的经济效益。

表4-4 仓储合理化的标志

标 志	具体内容
质量标志	在仓储期间，商品质量不会受到影响
时间标志	根据货物的销售速度，判断仓储时间的合理范围
结构标志	有相关关系的货物的仓储比例要合理
分布标志	根据不同地区商品需求量的不同进行商品仓储量设置
费用标志	根据仓储费用的多少判断仓储是否合理

从仓储合理化的标志可以发现，要实现仓储合理化，就要从以下方面着手。

（1）仓库的选址要合理。仓库要本着"近厂近储"的原则靠近供货单位，当然也要本着"近运近储"的原则以便于商品的发运。

（2）仓储量要合理：社会需求越多，仓储量就越大；到货时间越短，库存量越不需要太高。

（3）仓储结构要合理：根据需求量确定不同品种、型号、规格的商品的储存量。

（4）仓储时间要合理：每类商品都要根据销售速度、运输时间、验收时间来确定恰当的保管时间。

3. 仓储管理的内容

仓储管理是按照货物从进库到出库的流程进行入库业务管理、保管业务管理、出库业务管理，每个流程又都有其相对应的细节内容（详见表4-5）。

表4-5　仓储管理的内容

管理事项	具体内容	
入库业务管理	编制货物入库计划	计划货物的入库时间、品种、规格、数量等
	入库前具体的准备工作	组织人力、物力
		安排仓位
		备足苫垫用品，确定堆码形式
	物品入库的操作程序	物品接运，完成物品接运单
		核对凭证
		大数点收，按照物品的大件包装进行数量清点
		检查包装
		办理交接手续
		物品验收
		办理物品入库手续
保管业务管理	仓储保管	分类整理
		上架堆垛
		倒垛
		仓储经济管理
		安全管理
	维护保养	温度、湿度控制
		维护保管
		检查、盘点

管理事项		具体内容
出库业务管理	出库 （先进先出）	核对凭证
		审核、划价
		备料、包装
		改卡、记账
	发运代运	领料或送料
		代办托运

选择合适的配送方式实现配送优化

配送是最接近用户的物流环节，发挥着资源配置的作用。配送不同于传统的送货，传统送货只能满足用户的部分需求，而配送是由专门的部门或者人员负责，从用户需求出发，与现代科技相结合，在一定的区域范围内，以合理的方式为用户提供现代物流送货服务。

1. 认识配送形式

配送依靠现代化的科技装备，可执行多重物流任务，其专业化分工细致，使得各种业务紧密地结合在一起，成了现代化物流的重要一环。随着配送的强化，其形式也逐渐丰富（详见表4-6）。

表4-6 配送形式及其特点

配送形式		特 点
按配送组织者不同	配送中心配送	规模大，专业性强
	仓库配送	规模较小，专业性较差
	生产企业配送	品种单一
	商店配送	零星小量配送，种类多，配送半径小，灵活机动

续表

配送形式			特　点
按配送种类及数量	单（少）品种、大批量配送		成本低，专业性强
	多品种、少批量配送		高水平、高技术，可满足物资品种多样化需求
	配套、成套配送		按需配送
按配送时间及数量	定时配送	日配	时间固定，易于安排工作计划、使用车辆及接货力量
		准时—看板方式	
	定量配送		数量固定，备货简单
	定时、定量配送		特殊性强，计划难度大
	定时、定路线配送		在规定路线上按运行时间表进行配送
	即时配送		灵活性高，需要较高的配送反应能力
按经营形式不同	销售配送		销售性企业配送，随机性较强，计划性较差
	供应配送		集中组织的大批量进货进行分散配送
	协同配送		集约化配送，物流资源的使用效率高

2.　如何实现配送合理化

一般来讲，配送合理化会有一定的标准。比如，库存总量与经营能力是否相匹配，库存周转与供应能力的协调；配送是否降低了对资金的占用；配送对总效益、宏观效益、微观效益的提升，对资源筹措成本的降低；配送对供应的保障力度，有没有缺货情况，能否完成即时配送；配送有没有使资源得到充分利用。

在确定了配送优化的标准之后，就要考虑该怎么落实了。那需要采取哪些方法让配送合理化呢？

（1）通过采用专业设备、设施及操作程序进行专业化配送。利用物流平

台就可以实现这种专业化配送。例如，在北京的云鸟公司开发的鸟眼系统里，配送信息可随时传递给收发货人、仓库调度及管理人员，货主可在云鸟系统上发布货物运输线路，该系统会主动帮助货主找车辆。通过互联网管理，整个配送过程都可以实现透明化、可视化，让收发货人享受到更加优质的服务体验。

（2）推行加工配送，减少货物中转次数。在该配送模式下，商品能够直接从厂家送达用户。例如，上海联华生鲜食品加工配送中心，在接到门店的要货订单后，配送中心负责商品的配送。公司本身的中转型商品没有库存，直进直出；加工型商品根据要货日期安排采购生产，最后直接输送到门店。

（3）通过共同配送实现配送距离最短化、配送成本最低化。共同配送的典型代表是城市100共同配送。城市100在线下设立开放式门店，利用C2C快递和B2C配送，对上下游供应商、服务商进行整合，打造一个面向社会大众的物流配送平台。城市100有标准的门店，也有快递柜网点，还有与超市合作的门店。

（4）通过送取结合建立稳定的配送协作关系。送取结合的配送就是对运力的合理利用，在向用户配送所需要的货物的同时，再将该用户生产的产品使用同一车辆运回，这种送取结合的方式可以实现运力的充分利用。

（5）准时配送，促进配送高效化。准时配送要求配送按生产的节点准时到货，这样用户就可以实施低库存，甚至是零库存，这样也可以有效地安排人力、物力进行接货，实现更高效地工作。

（6）即时配送，大幅提高供应保障能力。即时配送最常见的例子就是外卖行业，如饿了么、美团等外卖平台，只要用户下单，平台的配送人员就会在规定的时间内将食物送达用户。但是目前，即时配送还处在初期发展阶段。很多即时配送物流企业发展得还不是很成熟，运行模式不够完善，配送人员也较为分散，所以即时配送需求空间巨大，发展潜力无穷。

3. 配送中心实现专业化配送

配送中心是一个大型的物流基地，在这个物流基地中，商品的分拣、加工、配送等利用先进的物流设备设施井然有序地运行。所以配送中心就是物流末端的一个加工厂，完成最后一步加工，货物就会送达用户。在物流配送中心，配送线路被简化，物流配送活动可以井然有序地进行（如图4-1所示）。

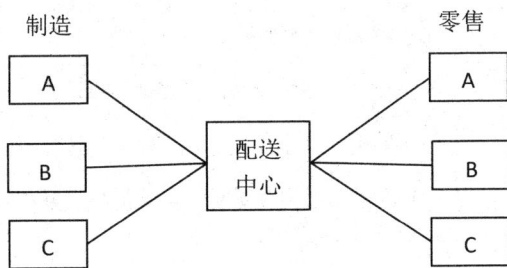

图4-1 配送中心

一般地，配送中心有不同的类型，且划分标准不一（详见表4-7）。

表4-7 配送中心的划分标准和类型

划分标准	类 型
按配送中心的经济功能	供应型配送中心
	销售型配送中心
	储存型配送中心
	加工型配送中心
按运营主体	以制造商为主体的配送中心
	以批发商为主体的配送中心
	以零售商为主体的配送中心
	以物流企业为主体的配送中心

这些配送中心可以说是神通广大的物流战士，它们利用自己专有的功能在物流配送的环节中发挥着重要的作用（详见表4-8）。

表4-8　配送中心的功能

功　能	具体内容
备货功能	筹集货源、订货或购货、集货、进货及有关检查、结算、交接等
储存功能	储备数量较大、结构较合理的货物以备配送的需要
分拣和配货功能	对货物的分拣整理可以更好地进行送货
配装功能	对货物进行搭配装载以更好地利用运能、运力
配送运输功能	较短距离、较小规模、较高额度的运输形式
送达服务功能	与用户有效、方便地处理到货的移交及相关手续，注重卸货地点、卸货方式等
配送加工功能	按用户要求对货物进行加工

采取合适的作业方式进行装卸搬运

装卸搬运在物流中一直处于不被重视的地位，但事实上它是其他物流活动开始以及结束时必然会发生的货物操作。而且装卸搬运可能会在物流中反复出现，运输、仓储、配送等环节可能都会遇到装卸搬运的问题，而且这些装卸搬运活动可能要占用较多的物流时间，耗费较多的人力物力。所以装卸搬运在物流系统中发挥着至关重要的作用，合理的装卸搬运对物流环节中费用的降低和时间的缩减必有益处。

1. 装卸搬运的概述

装卸搬运将物流的各个环节联系和结合起来，从而使货物能够在各环节、各活动中处于连续流动的状态。这与装卸搬运的特点是分不开的。一般来讲，装卸搬运会有以下特点。

（1）附属性、伴生性。装卸搬运伴随着物流活动的开始和结束，是其他物流操作的组成部分。

（2）支持性、保障性。装卸搬运会影响物流活动的质量和速度，在有效的装卸搬运支持下，其他物流活动会更高效地运转。

（3）衔接性。装卸搬运可以用来衔接不同物流活动的相互过渡，使物流功能间形成有机联系和紧密衔接。

正是因为装卸搬运有如此特殊的特点，所以它在物流活动中的重要性是不可忽视的。例如，我国的某些港口由于装卸设备设施不足，以及装卸组织管理不善，出现过多次的压船、压港、港口堵塞等问题。

因此，在物流中，要对装卸搬运的作用有一个清晰的认识（如图4-2所示），将其放在一个显眼的位置，使其成为保障物流活动顺利进行的催化剂。

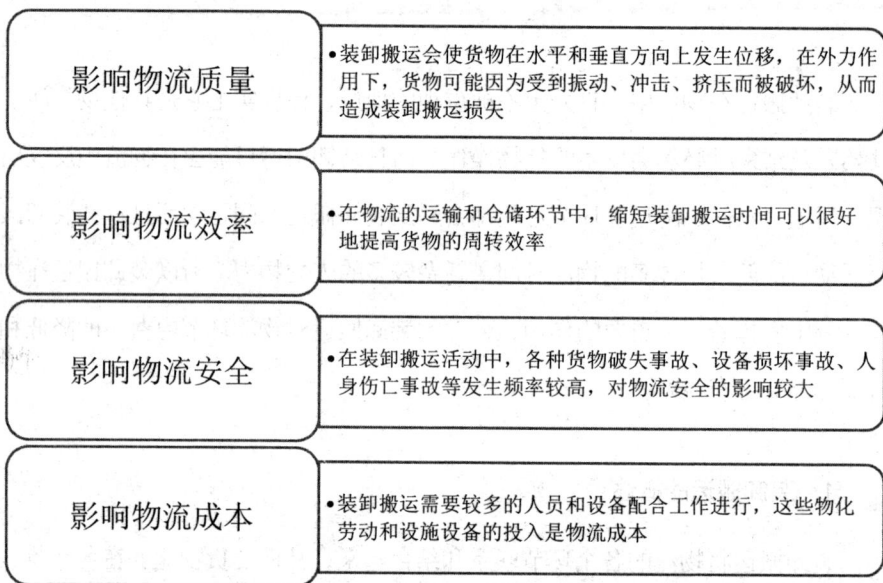

影响物流质量	装卸搬运会使货物在水平和垂直方向上发生位移，在外力作用下，货物可能因为受到振动、冲击、挤压而被破坏，从而造成装卸搬运损失
影响物流效率	在物流的运输和仓储环节中，缩短装卸搬运时间可以很好地提高货物的周转效率
影响物流安全	在装卸搬运活动中，各种货物破失事故、设备损坏事故、人身伤亡事故等发生频率较高，对物流安全的影响较大
影响物流成本	装卸搬运需要较多的人员和设备配合工作进行，这些物化劳动和设施设备的投入是物流成本

图4-2 装卸搬运的作用

2. 装卸搬运的作业方式

装卸搬运发生在物流的多个环节，它的作业方式因为所处的物流环节不同，或者针对的物流设施不同而不同。装卸搬运作业方式的分类繁多，我们选择比较重要的进行介绍（详见表4-9）。

表4-9　装卸搬运作业的分类

分类依据	类　型	释　义
按装卸搬运采用的物流设施设备	仓库装卸	配合出入库的堆垛、上架等操作
	铁路装卸	对火车皮的装进及卸出
	港口装卸	码头的装卸船活动
	汽车装卸	利用装卸使货物与汽车之间实现过渡
按装卸搬运的机械及机械作业方式	"吊上吊下"方式	从货物上部吊起然后转运下放的装卸
	"叉上叉下"方式	利用叉车托起货物将其搬运到目的地再下放
	"滚上滚下"方式	利用叉车等进行上船货物搬运，然后将货物直接托送下船
	"移上移下"方式	两车靠接时将货物直接从此车平移至彼车
	"散装散卸"方式	将散装货物直接从装点搬运到卸点
按货物的运动形式	垂直装卸	垂直方向上的货物装卸搬运
	水平装卸	水平方向上的货物装卸搬运
按装卸搬运对象	散装货的装卸	—
	单件货的装卸	—
	集装货物的装卸	—
按装卸搬运作业特点	连续作业	适用于货量大、固定货物和不易形成大包装的货物
	间歇作业	适用于不固定的大件货物、包装货物、散粒货物
按运输方式	公路装卸搬运	—
	铁路装卸搬运	—
	水运	—
	航空	—

续表

分类依据	类　型	释　义
按货物的包装形式、形状、式样	个别搬运	—
	单元货载搬运	—
	散装搬运	—

3. 怎样实现装卸搬运合理化

装卸搬运合理化是为了让物流的效率更高、成本更低、服务改善、经济效益提升，因而装卸搬运遵循一定的原则才更有利于其实现合理化（如图4-3所示）。

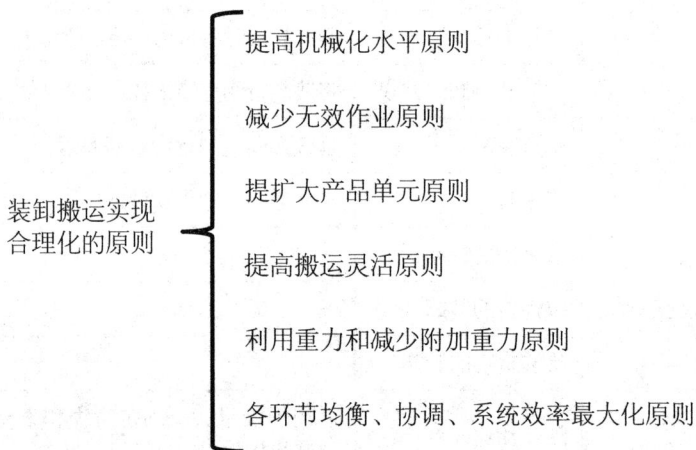

装卸搬运实现合理化的原则
- 提高机械化水平原则
- 减少无效作业原则
- 提扩大产品单元原则
- 提高搬运灵活原则
- 利用重力和减少附加重力原则
- 各环节均衡、协调、系统效率最大化原则

图4-3　装卸搬运合理化原则

在联合利华的高科技仓库中，每一个托盘都有一个条码，通过扫描仪将信息输入仓库的程序逻辑控制器，计算机会将该托盘的一些详细数据进行保存，如可装箱的数量、订单装运地点、运送的商品种类等。

一个托盘装载了货物之后，经过第一道门时，用薄膜包装、称重，经过最后一道门时再次称重，以确保准确度。托盘按先进先出法处理，按顺序依次输入计算机中。当托盘被放在装载顶板上时，叉车上的TIRIS信息阅读器就开始检查、传送，由门口的无线电频信号精准定位托盘。当托盘到达装货地点时，另一个无线电发射应答器就会警示计算机托盘准备装进拖车中，随后货车的衡量工具自动根据计算机记载的资料比较总负荷与单个托盘的重量，如出现偏差，便在系统内标注记号。

联合利华通过对托盘进行精准化的先进管理，节约了装货时间，也减少了装货差错，同时降低了物流成本。

注重包装的各项细节，实现包装合理化

对物品进行包装主要是为了物品在流通过程中不受到破坏，以及方便运输，有时候包装也是为了促进销售，毕竟精美的包装能够吸引客户的眼球。通常，企业会采用一些容器、材料和辅助物来实现包装。包装的重要作用使得包装早已成为一个行业，在美国，包装业在国民经济中占据着显赫的地位。包装作为物流环节的一部分，既是生产的起点，又是物流的终点。合理的包装对物流服务水平的提高、费用的降低、装卸搬运的便捷等有着重要的促进作用。

1. 包装与物流的关系

首先，包装是物流系统中的重要一员。在物流供应链中，从生产开始，包装就伴随着物流，从被包装着的原材料进入生产车间，一直到产品的配送环节，包装完好的货物到达用户的手中。在物流中，合理的包装能够提高物流的服务水平，降低费用，改善物料的搬运和存储效率。

此外，包装在物流中还有一些特殊的功能。

（1）保护功能：避免货物在搬运中脱落、振动、冲击、污染等，起到防潮、防湿、防锈、防光等保护作用。

（2）便利功能：按适合搬运的尺寸或易于辨识的标识对货物进行包装。

（3）定量功能：为了方便搬运将物品整合成按单位定量的货运单件。

（4）标识功能：利用包装让货物更容易识别和计数。

（5）跟踪功能：利用包装上的条码、标签、货物编号等对货物实现跟踪。

2. 包装合理化的要点

包装既能保护货物，也方便储运，还增加了货物的附加值。但是包装也会增加货物的体积，使货物成本上升。包装有利有弊，合理包装才是我们所追求的。包装合理化的要点主要有以下几种。

（1）包装应妥善保护内装物品。

（2）包装材料及容器应安全无害。

（3）包装要便于装卸。

（4）对包装容器的内装物应有明确的标志或说明。

（5）包装内货物外围闲置空间不应过大。

（6）包装费用要与内装物品相符。

（7）包装要符合环保要求。

为了使包装物在包装中不被损坏，往往有相应的标志说明一些防护措施（详见表4-10）。

表4-10 包装标志说明

包装标志	名 称	含 义
	由此吊起	起重货物时挂链条的位置
	此处不能卡夹	装卸货物时此处不能用夹钳卡夹

续表

包装标志	名　称	含　义
	重心	表明一个单元货物的重心
	禁用手钩	搬运运输包、装件时禁用手钩
	温度极限	表明运输包装件应该保持的温度极限
	由此夹起	表明装运货物时夹钳应放置的位置
	怕雨、怕潮	表明包装件怕雨淋
	易碎物品	包装件内装易碎品，因此搬运时应小心轻放
	禁止堆码	该包装件不能堆码，并且它的上面也不能放置其他负载
	禁用叉车	不能用升降叉车搬运的包装件
	怕辐射	包装物品一旦受到辐射，便会完全变质或损坏

续表

包装标志	名　称	含　义
	由此向上	表明运输包装件的正确位置为竖直向上
	堆码层数极限	相同包装的最大堆码层数，n表示层数极限
	此面禁用手推车	搬运货物时此面禁用手推车
	怕晒	表明包装件不能直接照射
	禁止翻滚	不能翻滚包装件

3. 包装合理化的趋势走向

（1）轻薄化包装：包装只发挥其保护作用，不更改货物的任何属性，一次性包装能减轻包装废弃物的重量。

（2）单纯化包装：包装材料及规格、形状、种类力求单纯化，可以提高包装效率。

（3）标准化包装：从包装的规格等特征与货物装卸搬运的托盘、运输车辆等设施设备相适应的观点来制定货物包装标准。

（4）机械化包装：开发包装机械来提升包装的作业效率。

（5）绿色化包装：使用纸质材料、可降解材料、生物材料、可食性材料

等来进行货物包装，减少包装对环境的危害。

德国人在较早的时候就开始倡导"无包装"和"简单包装"。德国的《包装法》规定，凡包装体积明显超过商品本身的10%，包装费用明显超出商品价值的30%，就应当判定为侵害消费者权益的商业欺诈。

德国老百姓也积极广泛地参与生态环保，他们选择商品时会有这样的认识：选择少用能源、少用包装、加工简单的商品；选择污染小，对生态有利的商品；选择不含有害化学成分的商品。而且他们在送礼物的时候，也不会过于包装。

纸质包装的应用是最为广泛的。首先，纸的价格较低；其次，纸的质地较细腻、均匀、耐摩擦、耐冲击、容易黏合；再次，用纸做的包装材料不易受温度的影响，而且无毒、无味，可以回收再利用；最后，用纸制成的折叠容器比较轻便、抗压性强，适用于包装生产的机械化。纸质包装在日本的利用特别细致，日本90%的牛奶都是用有折痕线条的纸包装出售。这种容易压扁的包装不但生产成本低，方便循环再利用，而且占用空间较小，便于运输。

采用合理的方式优化货物的流通加工

流通加工是现代物流的主要环节之一，是指货物进入流通领域后，在到达消费者手中前，对货物所进行的物理性或化学性的加工，这些加工是指根据需要对货物施加包装、分割、计量、分拣、组装、价格贴付、标签贴付、商品检验等简单的作业流程。

1. 流通加工的产生与目的

通常我们都认为，货物从工厂生产出来以后就已经达到了可以消费的要求，那么为什么物流中还会有流通加工这一环节呢？

事实上，流通加工的产生是为了提高物流的效率，满足消费者多样化的需求。例如，鲜花的销售，这些从花农处运往消费者的花卉，并不是直接从花农到消费者，而是花农将鲜花批量运往花市或花店，在花市或花店，这些鲜花会被拆分整理成小束，然后再被卖给消费者。在这个过程中，花市或花店就对鲜花做了一次流通加工。

所以流通加工的产生是有一定原因的（如图4-4所示）。

弥补生产加工的不足　　　　　　方便客户使用

流通加工的产
生原因

提高流通企业的效率　　　　　创造更加方便的配送条件

图4-4　流通加工的产生原因

存在即必要，流通加工既然可以产生，那么它一定有存在的价值——流通
加工的目的（如图4-5所示）。

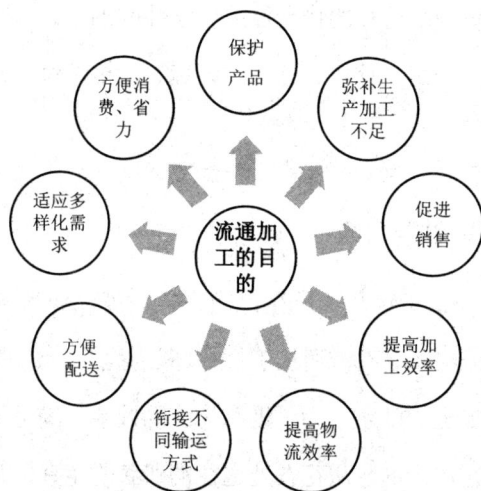

保护
产品

方便消
费、省
力

弥补生
产加工
不足

适应多
样化需
求

流通加
工的目
的

促进
销售

方便
配送

提高加
工效率

衔接不
同输运
方式

提高物
流效率

图4-5　流通加工的目的

所以在物流领域，流通加工是提高产品附加值的活动，而且这种提高附加
值的活动主要立足于满足客户需求、提高物流服务水平，可以说这是一种低投
入、高产出的加工形式。

2. 流通加工的类型

物流环节中存在着各种形式的流通，如何对流通加工进行分类呢？按照不同分类标准进行分类会有不同的结果（详见表4-11）。

表4-11　流通加工的分类依据

分类标准	类　型	具体内容
流通加工的目的	弥补性加工	为了满足消费者的需求，对产品的规格、形状等进行的加工
	服务性加工	对散件物品的组装等
	保护性加工	对食品类商品的保鲜、冷冻、防腐等加工
	销售性加工	提高商品附加值的加工，如原料加工成半成品
	物流性加工	能提高物流效率的加工，如石油的液化加工等
流通加工的对象	生产资料的流通加工	钢材的流通加工、水泥的流通加工、木材的流通加工等
	消费资料的流通加工	纤维制品的缝制、熨烫、贴标签等
	食品的流通加工	冷冻加工、精致加工、分选加工、分装加工

例如，对钢铁企业而言，流通加工是钢铁产品的纵向延伸业务，也是钢铁企业产品增值和战略协同的需要。钢铁流通加工企业处于钢铁行业与下游汽车、家电、机械设备、建筑等行业的中间地带，既可以看作钢铁的工序延伸，又可看作下游行业的上游工序。现代物流使我国钢材市场从传统的由钢厂一手操办的模式中解放出来，使得钢材进入流通加工企业，最终经物流中心、配送中心等到达客户手中。

3. 什么是合理化的流通加工

流通加工不仅增加了产品的附加值，满足了消费者的多样化需求，还提高了流通加工企业的经济效益。流通加工企业自身经济效益的优化是流通加工合理化的一方面，当然要看流通加工是否合理，还需要看流通加工的社会效益是否得到优化。所以流通加工合理化的标准是：实现了社会效益和企业自身效益的最优化。

有了这样一个标准，我们就需要通过以下途径来实现流通加工合理化。

（1）加工与配送相结合。将加工场所设置在配送地点，产品经过加工后直接进入配送。

（2）加工与商流相结合。从客户需求的角度出发，通过适当的流通加工，促进商品销售。

（3）加工与配套相结合。对使用上有联系的产品集合成套地供应给消费者。

（4）加工和节约相结合。流通加工时要尽可能节约能源、设备、人力，减少耗费。

（5）加工与运输相结合。利用流通加工，在干线、支线的运输环节，按照干线、支线、运输合理的要求进行适当加工。

阿迪达斯为了发挥流通加工的作用，满足不同顾客的个性化需求，在美国的一家超级市场开设了组合式鞋店。鞋店摆放着各种做鞋用的半成品：6种鞋跟、8种鞋底、黑白为主的鞋面、80种颜色的搭带。顾客可以任意挑选自己所喜欢的鞋的各个部位交给职员组装。只需要10分钟，就可以得到一双崭新的鞋。这种鞋的售价跟成批制造的鞋的价格差不多，有的甚至还会便宜一些。

　　物流企业的供应链管理是对供应链的优化，供应链优化的着手点，就是物流活动的运输、仓储、装卸、搬运、配送、流通加工环节。这些处在供应链当中的物流环节，对其进行合理化管理，相应的物流供应链也就在同一时刻被优化。物流与供应链是一种共生的形式，优化供应链管理可以让物流高效运转。

拓展阅读：物流供应链管理的新局面

物流供应链管理开始向智能化迈进。

科技革命的演进使得物流供应链呈现出多元化的发展态势，特别是"互联网+"的推动，让物流实现了一次华丽转身。今天的物流，已经不单单是货物的运输，在互联网的帮助下，物流可大展拳脚，将自己布局在供应链的每一个环节。物流开始迈向智能化，供应链也顺势变成智能供应链，所以衍生出很多新名词：智能运输、智能仓储、智慧配送、智能采购、新物流……这些在物流的发展历程中都属于战略选择。

当我们正在消化和应用这些"新物流"的时候，新的惊喜又出现了，人力可以适当地从物流供应链上解放了，机器人开始为我们提供物流服务。这些新搬运工拥有着巨大的力量。

像菜鸟的AVG搬运机器人，它们身形别致瘦小，但是力量与身形一点儿也不相符，这样的机器人可以顶起250kg的货物。而且这些智能搬运工工作的时候，不会碰撞到彼此，还能相互识别，灵巧地转动身子相互礼让。当这些智能搬运工自身电量不足的时候，可以自动到充电位置归位充电。如今，机器人分拣、搬运在物流中已开启商用。

智能搬运工已经应用于物流，而无人车、无人机送货正在赶来的路上。京东表示，未来的送货将会成为机器人或者无人机的工作。

无人车配送已在2017年的"6·18"活动期间由京东进行了试验，完成了首单配送任务。机器人配送也试验成功，它可以精准识别环境变化，避开各种障碍物。不过无人车、机器人配送还处于试验阶段，推广应用还需等待时机。

无人机也不甘落后。无论是美国的亚马逊和快递巨头UPS，还是德国的DHL，都对无人机进行了大量测验。在国内，2016年时，中国邮政就开通过三条无人机测试邮路，京东也进行了无人机试运营，顺丰同样花巨资投资了物流无人机开发。

除了智能搬运、分拣、配送之外，还有智能仓储。

智能仓储实现了高效的仓储运作。京东、国美、唯品会等电商在竞争形势严峻的状况下，开始迈步智能仓储设施。这些电商期待的是可以有一种智能化的仓储网络平衡平台，该平台可以依据政策和市场的变化来调节库存。这种智能化仓储的新需求，引导着各大电商对智能仓储网络的不断探索。

仓储网络化是一方面，仓储自动化又是另一方面。仓储自动化，与工厂的智慧化密不可分。"穿梭车+立库""堆垛机+立库"需求的出现，让一些物流企业的仓储不再是传统意义上的仓储。这种类似一次性的仓储，将穿梭车或者堆垛机作为货物架，使仓储、搬运开始合并，穿梭车、堆垛机甚至成了仓库的构成部分，担任货架的决策仓储。产品自原材料起，最终到达流水线的末端成为产品。这中间不再需要更多的物流环节，只在货物的运输环节继续利用这些穿梭车、堆垛机将货物移动到运输车辆面前便能够实现运输。

晋亿公司是一家螺丝生产企业，其自动化立体仓库采用开放式的立体储存结构。半成品、模具、制成品都有其相应的储存形式，采用电脑自动化控制，使产供销实现了科学管控。

物流供应链智能化战略是物流未来走向的选择，智能化的物流必将有利于节约社会资源，合理配置社会资源，提升企业的综合竞争力。

第五章

物流成本管理：

少付成本多获利

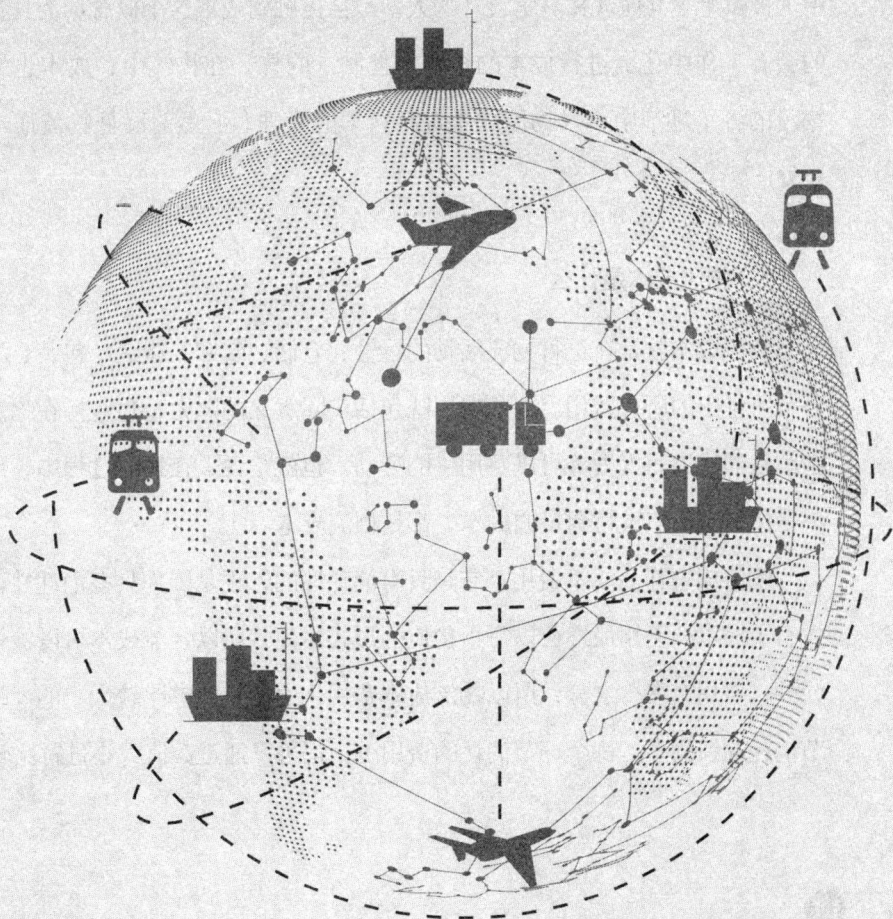

物流成本管理的概念

成本，在经济学中被认为是商品价值的组成成分，而在管理学、会计学中又被赋予了其他含义。学会计的人，都会接触到成本这个概念，而且在实际的会计工作中还会进行成本的核算与控制。同样，在物流中，成本也渗透在物流的各个环节中，对物流成本进行科学的管理，必然对降低物流成本大有益处。

1. 物流成本是什么

物流成本就是在进行物流活动的运输、仓储、装卸、搬运、包装、配送等环节所付出的所有费用。这些费用既包括实际意义的财力，也包括在物流过程中消耗的物力、人力等可以费用化的劳动。也就是说，在物流过程中，只要最终是用货币价值进行衡量的成本，都是物流成本。

物流成本作为成本费用，它是具有消耗性的，正是因为具有消耗性，所以才有了成本。费用最终会以货币价值的形式体现，所以物流成本可以被量化。此外，费用有多少之分，所以物流成本费用化之后是能够比较大小的。哪个环节消耗的费用多，哪个环节消耗的费用少，都可以通过数值大小进行比较。

2．物流成本的来源

找准物流成本的源头，就能在物流成本管理工作中抓住关键。

物流成本一般会出现在以下情况中。

（1）物流活动中的物资消耗，主要指电力、燃料、包装耗材、固定资产损耗。

（2）物资在物流活动中的合理损耗。

（3）企业开展物流活动的人力成本。

（4）物流活动中产生的其他费用（差旅、办公支出）。

（5）促使物流系统顺利进行的资金成本。

（6）研究设计、重建与优化物流过程的费用。

这些物流成本最终会体现在物流活动的具体环节中，也就是会出现在物流的运输成本、仓储成本、包装成本、装卸成本、搬运成本、流通加工成本、配送成本、信息处理成本中。

3．物流成本管理的产生

物流活动必然会产生物流费用，也就是物流活动必然会有物流成本。费用一般都是越少越好。费用越少，也就意味着会得到更多的利润，所以为了降低物流成本，便有了物流成本管理这项工作。

确切地说，物流成本管理就是以物流成本相关信息为基础，按照物流成本最优化的原则，对与物流相关的费用进行计划、协调、控制。

物流成本管理并不是一开始就有的，它是经过一定时间的发展才慢慢产生的。在第二次世界大战这个物流的起点阶段，物流发展不成熟，成本概念也没有深入人心，所以当时对物流进行成本管理根本就没有概念。

第二次世界大战之后，西方发达国家企业经济效益下滑，但是物价和人工成本开始上升，为了在经济窘境中获得利润，压缩成本成为各大企业考虑的关键问题。于是，企业千方百计地开辟通路进行成本最小化，物流成本管理便在这样的经济形势下诞生了。

自物流成本产生以来，随着物流的发展，以及世界经济由初级阶段向高级阶段的演进，物流成本管理顺势而上。先是物流总成本概念的引入，催生了物流成本管理的政策；接着便是专门的物流管理部门的出现，使得物流成本管理进入组织化，也就是物流成本管理开始有针对性、有目的地进行。

美国是现代意义上的物流的诞生地，所以我们这里对美国物流成本管理的情况做一个介绍，进而认识物流成本管理的发展之路（如图5-1所示）。

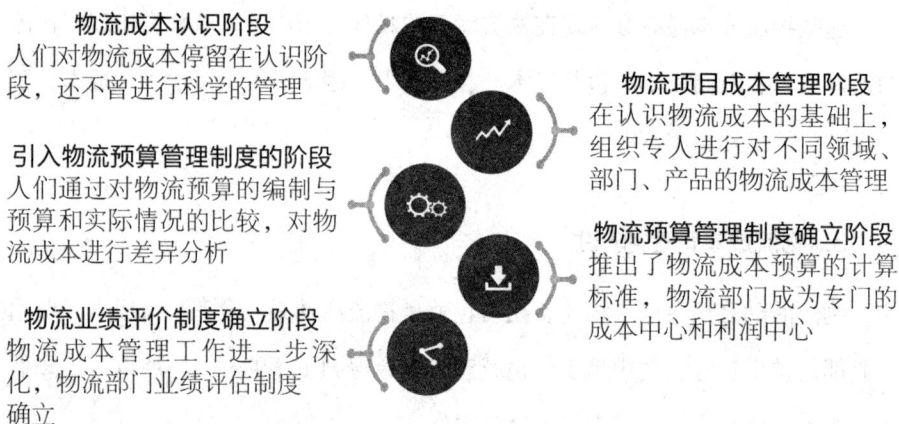

物流成本认识阶段
人们对物流成本停留在认识阶段，还不曾进行科学的管理

引入物流预算管理制度的阶段
人们通过对物流预算的编制与预算和实际情况的比较，对物流成本进行差异分析

物流业绩评价制度确立阶段
物流成本管理工作进一步深化，物流部门业绩评估制度确立

物流项目成本管理阶段
在认识物流成本的基础上，组织专人进行对不同领域、部门、产品的物流成本管理

物流预算管理制度确立阶段
推出了物流成本预算的计算标准，物流部门成为专门的成本中心和利润中心

图5-1　美国物流成本管理的情况

物流成本核算与分析的基本方法

物流成本核算是物流成本管理中的重要命题之一，所以我们就需要依据一定的方法来进行物流成本的核算与分析。物流成本核算可以让企业发现物流管理中存在的疏漏，促使企业不断加强企业物流管理活动，提高物流管理的水平。此外，物流成本核算还可以不断创新物流技术，提高物流的整体效益。

1. 物流成本的核算对象

物流成本的核算主要是由会计部门来完成的。当然，物流成本的核算还少不了物流部门的配合，只有在物流部门的配合下，才可以顺利确定物流核算的对象。不同公司物流活动的具体内容一般不同，所以就存在不同的物流成本核算对象（详见表5-1）。

表5-1　物流成本的核算对象

核算对象	具体内容
以物流成本支付形态作为物流成本核算对象	把一定时期的物流成本从财务会计报表中摘录出来，按照成本形态进行分类归集核算

续表

核算对象	具体内容
把物流成本项目作为成本核算对象	将物流成本按照运输、仓储、包装、装卸、搬运等物流功能进行核算
把物流活动范围作为成本核算对象	以物流活动的起点与终点以及两点之间的物流活动作为物流成本核算的对象，如供应物流、销售物流等各阶段物流成本的核算
把客户作为物流成本核算对象	了解为各个客户提供物流服务的成本，有利于客户服务管理工作的进行
把产品作为物流成本核算对象	计算组织为该产品进行物流活动所花费的物流成本
把部门作为成本核算对象	了解各个部门的物流成本大小，可以加强部门的管理能力，优化绩效考核
把地区作为成本核算对象	对各个地区的销售、供应等费用进行核算，可以了解各地区的物流开支情况

2. 物流成本的核算方法

在确定了物流成本的核算对象之后，我们需要利用会计方法进行成本的核算。当然，物流成本核算是按一定程序进行的（如图5-2所示）。

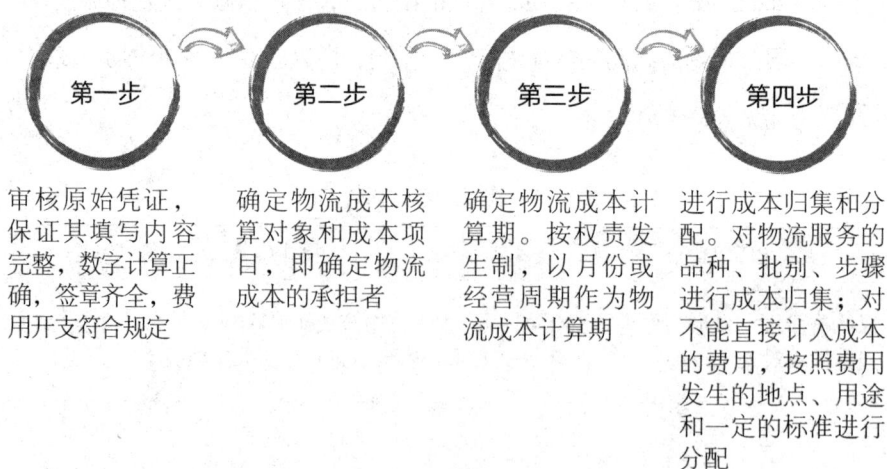

第一步	第二步	第三步	第四步
审核原始凭证，保证其填写内容完整，数字计算正确，签章齐全，费用开支符合规定	确定物流成本核算对象和成本项目，即确定物流成本的承担者	确定物流成本计算期。按权责发生制，以月份或经营周期作为物流成本计算期	进行成本归集和分配。对物流服务的品种、批别、步骤进行成本归集；对不能直接计入成本的费用，按照费用发生的地点、用途和一定的标准进行分配

图5-2 物流成本的核算程序

掌握物流成本的核算程序之后，我们就要按一定的方法进行物流成本的核算。企业物流成本的核算方法有会计核算方法、统计核算方法、会计与统计相混合的核算方法。我们这里主要对会计核算方法进行介绍，因为这是一种最常用的核算方法。

（1）双轨制：将物流成本核算与企业的财务会计核算和成本核算结合起来。

这种核算方法要求进行物流成本核算的时候，增设一个"物流成本"科目，其下可以再设置二级、三级明细科目。我们用以下形式将其反映到会计分录上。

当费用发生时可以用以下会计分录表示。

借：××物流成本
　　贷：材料、应付职工薪酬、现金等

在会计期末，成本费用在相应的会计账户中归集时，可以用以下会计分录表示。

借：管理费用、营业费用、制造费用、生产成本等
　　贷：××物流成本

（2）单轨制：将物流成本核算与其他成本核算分开进行。

这种方法具体的操作是，在每一项物流业务发生时，均由车间成员或者基层核算人员根据原始凭证编制物流成本记账凭证，一式两份，一份连同原始凭证交由财务处，一份留在基层核算人员手中据以登记物流成本账户。

（3）二级账户核算形式：通过在成本费用账户下设置二级账户（辅助账

户）的形式进行独立的物流成本核算。

该核算形式可按类似方法进行操作：先在物流成本一级科目下设置一个二级科目——物流成本辅助账户；再按物流功能设置三级科目，如运输费、仓储费等，这样，物流成本就能通过这个辅助账户实现核算。

3. 怎样进行物流成本分析

进行物流成本分析时，会涉及作业成本法。这是一种新的成本计算方法，它要求在考虑企业绩效的前提下，按作业活动来更好地对物流成本进行归集分类，是一种精细化的物流成本核算方式。

因而，在进行物流作业成本分析时，主要会考虑产品效益和客户效益。所谓产品效益分析，就是计算追踪总的物流成本，然后将总的物流成本分配到每一个产品上，每一个产品的成本越小，则其效益越大。至于客户效益分析，在企业所有的作业流程中，只有得到客户认可的部分和环节才可以实现价值增值。在物流作业环节，操作者只有明白某项物流活动消耗的资源和成本，了解客户的需求，才能有针对性地进行物流活动，进而实现客户效益。

遵循方法，用最低成本换取最高利润

物流成本伴随着物流活动而生，贯穿物流大大小小的环节。而在物流的运输、仓储、装卸、搬运、配送环节，物流成本占据着较高的数额，所以这些环节的物流成本管理是关键。这就需要根据各个物流环节的特征采取合理的方法进行物流成本的管理，让各个环节的物流成本最小化、利润最大化，进而使企业的整体物流利润最大化。

1. 运输成本的管理与优化

运输成本主要是由车队、燃料、设备维护、劳动力、保险、装卸等构成的，而且运输成本还会受到产品特征、运输特征、市场因素的影响（详见表5-2）。

表5-2　运输成本的影响因素

影响因素	具体表现
产品特征	产品密度
	产品的可靠性
	产品的装载性能

续表

影响因素	具体表现
运输特征	输送距离
	载货量
	装卸搬运
市场因素	竞争性
	流通的平衡性

了解了这些运输成本的影响因素之后，我们就可以围绕这些因素采取方法、优化运输成本决策。这里我们主要讲述运输组织成本计算的决策。

（1）成本比较法。这是指对可选择的运输方式进行对比分析。这里的对比分析主要侧重于运输服务所花费的运输成本，能否使与运输相关的库存保持在一个稳定的水平。库存水平越稳定，则该运输方式越适合作为选择的对象。

（2）考虑竞争因素的方法。侧重于运输方式的选择涉及竞争优势，那么供货方会考虑是否根据买家更需要的运输条件来选择运输方式，从而从买家处获得惠顾。这种方法的关键点是，找出买家的惠顾带来的利润与运输方式的成本孰大孰小。

2. 仓储成本管理优化

仓储成本是指仓库租金、仓库折旧、设备折旧、装卸费用、货物包装材料费用和管理费用、人工费用等。一般地，商品的取得成本、储存成本、缺货成本、运输时间等因素会影响仓储成本。

要想对仓储成本进行控制管理，就需要控制经济订货量（EOQ）。经济订货量是指在一定时期内，如何设置每批的订货量以使存货的总成本最低。这就要求在确定最合理的订货量的时候要考虑多方面的因素，如材料采购费用、产品投产准备费用、材料与产品的保管费用等。

3．配送成本管理与优化

配送成本是指在配送活动中，在备货、储存、分拣、配货、送货等环节发生的各项费用的总和。

在对配送过程中的成本进行控制时，主要有以下方法。

（1）绝对控制方法。从节约各种费用支出、杜绝浪费的角度出发，把配送过程各环节的成本支出控制在一个绝对数额以内。

（2）相对控制方法。通过对成本与产值、利润、质量、功能等进行对比分析，寻求一定制约因素下的最优经济效益。

4．装卸搬运成本管理与优化

装卸搬运活动的成本主要有装卸的直接费用，即人工费用、材料费用、设备的保养修理费用、设备的折旧费用、其他费用（机械租赁费用、劳动保护费用等）。

要想了解装卸搬运成本的水平和构成要素的变动情况，就需要利用一定的方法对其进行分析。具体方法主要有以下几种。

（1）对比分析法。将不同时期的装卸搬运指标进行对比，解释差异所在，寻找改进措施。

（2）因素分析法。将装卸搬运过程中的各种因素进行分解，测定各个因素对成本计划完成情况的影响。

（3）相关分析法。分析某个指标时，将与该指标相关但又不同的指标加以对比，分析这些指标间的相互关系。

（4）差额计算法。对各个因素的目标值与实际值之间的差额进行比较，来反映该因素对装卸搬运成本的影响。

接下来，我们就可以确定装卸搬运成本优化方案（如图5-3所示）。

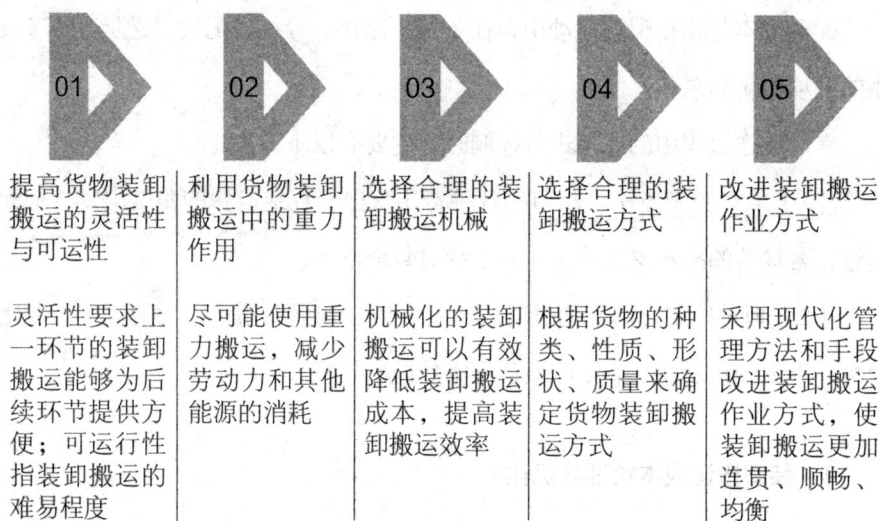

01	02	03	04	05
提高货物装卸搬运的灵活性与可运性	利用货物装卸搬运中的重力作用	选择合理的装卸搬运机械	选择合理的装卸搬运方式	改进装卸搬运作业方式
灵活性要求上一环节的装卸搬运能够为后续环节提供方便；可运行性指装卸搬运的难易程度	尽可能使用重力搬运，减少劳动力和其他能源的消耗	机械化的装卸搬运可以有效降低装卸搬运成本，提高装卸搬运效率	根据货物的种类、性质、形状、质量来确定货物装卸搬运方式	采用现代化管理方法和手段改进装卸搬运作业方式，使装卸搬运更加连贯、顺畅、均衡

图5-3　装卸搬运成本的优化方案

物流成本管理效果评价

对物流成本管理的效果进行评价，可以判断相应的物流成本管理方案和措施是否具有价值，能否实现一定的绩效。物流成本管理绩效评价是利用整体性原则、动态性原则、例外性原则，对物流企业过去的成本管理业绩的体现。

1. 物流成本管理绩效的评价形式

因为评价角度不同，物流成本管理绩效便有不同的评价形式（详见表5-3）。

表5-3 物流成本管理绩效的评价形式

评价形式		具体内容
内部分析与外部分析	内部分析	内部经营者对物流企业的成本状况进行分析，来判断和评价物流企业的成本是否异常
	外部分析	企业外部投资者或政府根据需要对物流企业的情况进行的分析
全面分析与专题分析	全面分析	对物流企业一定时期内的生产经营状况进行系统、综合、全面的分析评价，可以协调部门关系，为下期生产经营安排打好基础
	专题分析	对物流企业生产经营过程中的某一方面进行分析，可以深入揭示物流企业在某一方面的财务状况

评价形式		具体内容
趋势分析、现状分析、潜力分析	趋势分析	对物流企业某个时期各单位时间内的总体，或者某个成本绩效状况进行评价分析，来反映企业成本管理的发展趋势
	现状分析	对物流企业当期的成本活动进行分析，来评价当期的财务活动状况
	潜力分析	结合物流企业的资源变动情况和经营目的，对企业未来的发展能力进行预测和判断

2. 物流责任中心实践物流成本管理

物流责任中心是承担一定经济责任，享有一定权利和利益的物流责任单位。物流责任中心是一个集合了责、权、力的实体，它具有履行经济责任中各条款和承担相应责任的能力。建立物流责任中心，可以更好地完成物流企业的成本管理任务。此外，物流责任中心作为一个独立的核算组织，对物流责任预算和物流责任成本考核具有重要作用。

根据企业内部物流责任中心的权责范围，以及物流业务活动的不同特点，可将物流责任中心进行以下划分。

（1）物流成本中心。物流成本中心是对物流活动成本和费用承担责任的中心。在企业物流成本费用发生，需要对成本费用进行负责，能够实施物流成本控制的单位，都可以作为一个物流成本中心。

（2）物流利润中心。物流利润中心是既能控制物流成本，又能控制物流收入的物流责任中心，是具有独立经营决策权的物流组织部门。

（3）物流投资中心。物流投资中心是既对物流成本、收入、利润负责，又对物流投资效果负责的责任中心，其拥有最大的物流决策投资权和责任承担能力。

物流成本贯穿于物流活动的各个环节，通过对各个环节的特点进行分析，我们就能抓住物流成本控制的关键，用可靠的计量方法计算物流成本的大小，然后寻找策略，对物流成本进行优化管理。事实上，物流成本管理的整个过程就是物流成本控制的过程。这种控制可以帮助各部门进行业绩考核，进而巩固经济责任制。可以对人力、物力、财力进行有效的配置，提高资源的利用率。这种控制的最终结果就是提升企业的经济效益，增强企业的实力，提升市场竞争力。

拓展阅读：企业物流成本的控制及实践

1. 通用汽车的现代化物流成本控制实践

通用汽车是国内最大的中美合资企业，它从成立之初就采用现代化物流成本控制方式，这主要表现在：精益生产，及时供货；循环取货，驱除库存"魔鬼"；建立供应链预警机制，追求共赢。

就精益生产，及时供货来说，通用汽车在精益思想的指导下，缩短供货期限，实现即时交货。这种交货期极短的方式，使得供货周期缩短，设备可以时时进行生产制造，不会因为原材料等缺少而影响生产；这也使得通用汽车的供货达到柔性化、敏捷化的状态，生产更高效。通用汽车的发展迅速就是得益于这种即时交货的管理思想，这使得通用汽车几乎每一年都有一个或一个以上的新品上市。

通用汽车的循环取货，驱除库存"魔鬼"，目的是进一步优化供应链，将库存压力化为零，因此，对于本地供应商，通用汽车会根据生产进度让其将生产资料直接运送到生产线上，生产资料不需要进库房。此外，它还将自己的物流交给第三方物流供应公司，依据其设计的供货路线进行生产材料的取货。

通用汽车建立供应链预警机制，追求共赢，采用信息渠道与各个供应商保持良好的信息沟通。如果供应商的原材料、零部件有问题，通用就会及时收到他们的预警反馈信息。当然，供应商也会得到通用在原材料、零部件方面的反馈信息，从而能够时时设计更新原材料和设备。

2. 蒙牛的物流成本控制实践

为了在最短的时间内，用最有效的方法将产自草原的牛奶以最低的成本运输到全国各地，甚至东南亚等国的商超，蒙牛做了很多方面的物流成本优化。

首先，在运输线路上，蒙牛缩短了运输半径。为了将酸奶等低温产品及时运往商超，蒙牛开始将自己的生产线布局由内蒙古迁移到黄河沿线，甚至迁移到长江中下游区域，这使得牛奶产地更加接近市场，运输半径缩短，低温产品能够及时进入销售渠道。

其次，蒙牛在保证产品质量的前提下，尽量选择运输成本最低的运输方式。对于路途较远的低温产品，蒙牛一般走汽车运输，这种方式虽然价格昂贵，但是可以保证货物及时送达。这些运输车辆都有GPS定位，可以时时了解其运输情况，保证车辆正常行驶。

最后，蒙牛尽量将每一笔单子做大。这种大单在运输方面达到一定数量后会享受到折扣优惠，而且还能高效地利用运输车辆。去程是货物运输，返程是产品包装物的运输。

3. 家乐福的仓储成本控制实践

家乐福通过强化仓储作业管理系统，实现了流通成本的有效降低。为了降低仓储成本，家乐福主要从以下方面采取措施来节约流通成本。

（1）强化仓库的控制作用。首先，对成品进行的控制管理，能够有效维护各种物料的品质和数量。其次，强化料账的管理，依据会计里的永续盘存思想，进行账物的相应登记工作。再次，时时了解库存咨询情报。经过稽核、统

计，以物料、账目和盘点数据为依据，生成相应的时时库存咨询报表。最后，对废料进行有效管理。家乐福通过制定呆废料的分析表，再利用检查和分析等方式使仓库中的呆废料凸显出来，以便及早活用，最大限度地减少损失。

（2）家乐福特别强调周期盘点。家乐福的周期盘点可以是几个星期，也可以是一个月。家乐福根据品类对物料进行分类，还根据盘点周期对物料进行分类。家乐福会根据盘点的报表进行相关货物的库存管理，这种周期盘点可以帮助家乐福及时发现库存中存在的问题并及早解决。

第六章

物流信息管理：
物流与信息技术的深度融合

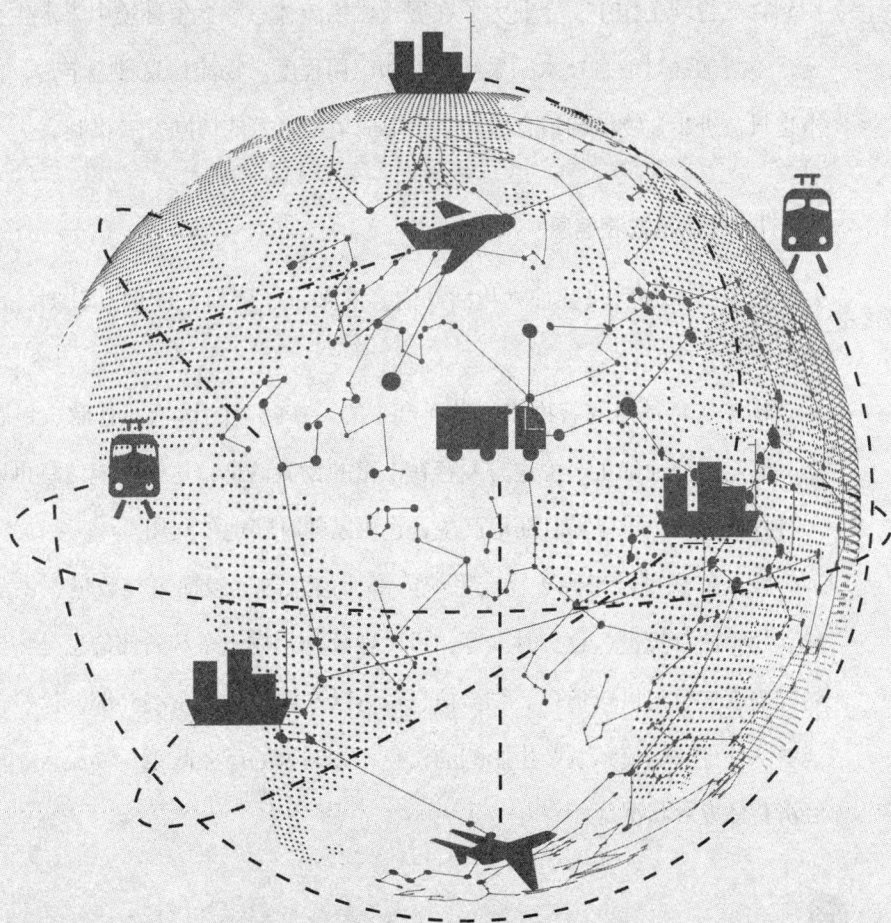

物流与信息的关系

在现代物流中，信息已占据重要地位。信息技术与信息系统已被深入地应用到物流管理工作中。企业为了在现代化物流体系和竞争环境中谋求生存和发展，不断加强对信息技术的采纳程度和应用程度。物流信息日益丰富，信息技术也日益进步，物流与信息之间必会形成更加紧密的协同发展机制。

1. 什么是物流信息

物流信息是反映各种物流活动内容的知识、资料、图像、数据、文件的总称。

物流信息是伴随着物流活动而产生的。在物流的运输、仓储、包装、装卸、搬运、流通加工、配送方面存在丰富的物流信息，这些物流信息可以算是一种物流资源，可以随时随地产生，也可以随时随地被利用。

物流信息可以来源于物流系统内部，信息内容包括采购数量、供应商资料、经销商订货量、订货时间等。可以理解为，物流系统内部信息是物流系统内的需求信息与供应信息。物流信息也可以来源于物流系统外部，这些信息是能够从外部对物流系统产生影响的信息，如国家的产业政策、物流人才培养、经济整体发展状况等。

2. 物流信息的功能与特征

物流信息存在于物流系统中，其功能的合理利用能为物流信息的使用者提供便捷服务（详见表6-1）。

表6-1　物流信息的功能

功　能	具体内容
交易功能	记录物流交易活动的功能，能够对订货内容、存货任务安排、作业程序、收费、客户查询等物流交易活动做完整记录
管理功能	依靠物流信息对物流活动进行控制，进而使物流服务水平和质量得以提升
分析功能	物流信息所蕴含的内容可以帮助物流管理者进行物流作业能力的分析，修正和改进物流计划
战略功能	高层管理者可以利用物流信息进行分析决策，制定物流战略规划

物流信息量大、更新速度快、来源广的特征，决定了物流信息管理在物流管理活动中的地位（详见表6-2）。

表6-2　物流信息的特征

特　征	具体内容
信息量大	物流活动的范围广阔，相应地其信息量也就非常大，不只每个物流环节散布着物流信息，任何物流活动同样蕴藏着物流信息
更新速度快	频繁的物流活动使物流信息更新速度加快，这使物流信息处在一个动态的过程中
信息来源广	物流活动种类繁多，这些信息不仅有来自销售物流、供应物流等的系统内部物流信息，还有来自财政政策等的物流系统外部信息

3. 物流与商流集成信息流

物流信息一般是由物的实质移动在空间位置和时间节点上产生的，可以是物流的数量、物流流经的地区、物流所花费的费用。商流信息是由物流所进行的相关物流交易形成的信息，像货源信息、物价信息、市场信息、资金信息、合同信息、结算信息等。

这些物流信息与商流信息最终集成信息流。一般来讲，物流与信息流互为条件。信息流是物流的伴随物，研究信息流实际上就是研究物流。

现代化信息技术引导物流信息化

科技的进步和信息技术的发展，不仅极大地丰富了信息技术，也极大地便捷了现代化的物流管理。现代化物流中已经普遍应用条码技术、电子数据交换技术、地理信息系统、全球定位系统、射频识别技术。无论是物流信息的采集，还是物流信息的传输，抑或是物流信息的分析，信息技术都发挥着非常重要的作用，引领着现代化物流管理走向信息化管理之路。

1. 条码技术

条码技术广泛应用于商业、邮政、图书管理、运输、包装、配送仓储等领域。条码信息技术系统能够自动识别条码，然后解读条码中所储存的信息。

条码技术具有信息录入速度快、可靠性高、简单实用、信息采集量大的优点。

条码技术有很多种类，按维数可以分为一维条码（信息容量较小）、二维条码（信息容量较大）。目前，二维条码应用非常广泛，国防、公共安全、交通运输、医疗、商业、工业、政府等都在普遍使用二维条码技术。

条码技术在物流供应链管理的诸多环节中被普遍采用。如在物料管理中，主要是通过对物料进行条码标签设定，可以时时追踪物流的动向，或者对其质

量进行条码编制，为物料建立质量档案；在生产管理中，可以对产品进行编码和条码设定，追踪产品的去向和质量；在仓库管理中，可以利用条码采集仓库的信息。

2. 电子数据交换技术

电子数据交换技术（EDI）是利用计算机进行数据传输和处理的技术。它的工作原理是将各种实际存在的事物，如文件、订单、发票、运单等进行数字化处理，使其变成能够被计算机识别的语言，进而在计算机之间进行传输。

电子数据交换技术具有这样的特点：使用对象有经常性业务联系、传输一般业务资料、固定传输数据的标准和格式、计算机通过专用网进行数据传输、准确性高。

EDI在供应链管理中的应用主要在于它省时，由于它直接由计算机进行数据传输，没有人工干预，所以不仅传输数据的质量有保证，还能降低信息交换成本。

3. 地理信息系统

地理信息系统（GIS）是由计算机软硬件环境、地理空间数据、系统维护和使用人员组成的空间信息系统。GIS能够对大部分地表空间中的有关地理分布数据进行采集、储存、管理、运算、分析显示和描述。

在物流管理中，地理信息系统可以利用其强大的功能发挥重要的作用。设定定位模型的作用是定位物流设施；网络物流模型的作用是解决物流网点布局；车辆路线模型的作用是解决运输车辆路线规划；分配集合模型的作用是根据要素相似点对其进行分组。

4. 全球定位系统

全球定位系统（GPS）是全天候提供高精度、全球范围的定位和导航信息的系统。它由空间部分、地面监控系统、用户接收系统组成。

全球定位系统具有以下功能。

（1）实时监控：可随时发出指令，对安装有GPS的车辆进行监控。

（2）双向通信：用户可使用GSM语音功能进行多方面的沟通。

（3）数据分析：记录运输车辆的相关运输信息并使其在数据库中进行分析。

在物流管理中，GPS主要用于车辆的定位跟踪，为车辆进行出行路线的规划和导航；GPS也可以让用户通过电子地图进行信息查询；物流指挥中心可以通过GPS监控与跟踪对象进行通话，对有需要的车辆进行紧急援助。

5. 射频识别技术

射频识别技术（RFID）是指通过射频信号识别目标对象，并从中获取相关数据信息的非接触式自动识别技术。

射频识别系统的组成及其功能如下。

（1）标签：存储需要识别的信息。

（2）识读器：识别信息，按结构编制信息，定向对外传输信息。

（3）天线：发射、接收标签与阅读器之间的信息。

RFID可应用在物流的各个环节中。在零售环节，可实现对最小货物的控制；在仓储环节，能使管理者实时掌握储存物品的信息；在运输环节，可对运输过程中的货物进行实时监控；在制造环节，可完成自动化生产线运作。

现代化信息系统精准定位物流轨迹

信息技术在物流中的应用让物流的信息管理迈进了一大步，通过信息对货物进行跟踪定位识别，极大地方便了物流信息的管理。但是这些信息都是依据各个信息技术背景独立存在的，也就是说，这些信息是分散的。但是物流系统中的信息在信息系统里进行了集成，可以被统一管理，这不仅方便了物流信息的使用，也让物流信息管理工作更加便捷。

1. 透视物流信息系统全貌

物流信息系统是由计算机软硬件、网络通信设备及其他设备组成的，为物流作业管理、决策等提供服务的应用系统。

物流信息系统的工作内容是将利用信息技术获得的各种物流信息集成一个整体，并对这些信息进行实时、集中、统一管理，让物流、资金流、信息流协调运作。

物流信息系统是集成化、模块化、智能化的信息系统，具有以下特点（如图6-1所示）。

跨地域连接
完成相互分离
的企业或人之
间的信息传送

物流信息系统
的特点

信息的实时传送和处理
对信息进行查询、分类、计
算、储存，使之有序化、系统
化、规范化。实时进行信息传
递，使信息系统和物流作业系
统相互协调

跨企业连接
将在物流活动上有业务往来的
企业进行连接，实现资源共享

图6-1 物流信息系统的特点

2. 物流信息系统的功能

物流信息系统具有强大的信息服务能力。在不同的企业、不同的管理模式中，其表现功能可能会有所不同，但是物流信息系统的一般功能是不变的（详见表6-3）。

表6-3 物流信息系统的功能

功　能	具体内容
运输与调度管理系统	生成运单、条形码等，查询、定位车辆或货物的位置及签收情况，对结算业务的费用进行管理
存储管理系统	制订采购计划，查询、打印相关报表，管理采购合同，录入、查询、修改、调整出入库单据，等等
配送管理系统	按即时配送原则，对生产企业的原材料配送进行管理；支持多方供应商和需求商的精准配送；支持大容量配送、多种运输方式结合配送；结合信息技术实现智能化配送
客户管理系统	对客户资料进行管理，为客户提供解决方案
结算管理系统	对各物流项目的价格进行集中管理
决策支持系统	实时掌握物流、商流、资金流等信息，并能在数据库中对这些信息进行合理利用

3. 物流信息系统的设计

物流信息系统是由多个子系统构成的复杂信息系统，它的设计与开发是一项较为复杂的工作，必须依赖一定的原则展开（如图6-2所示）。

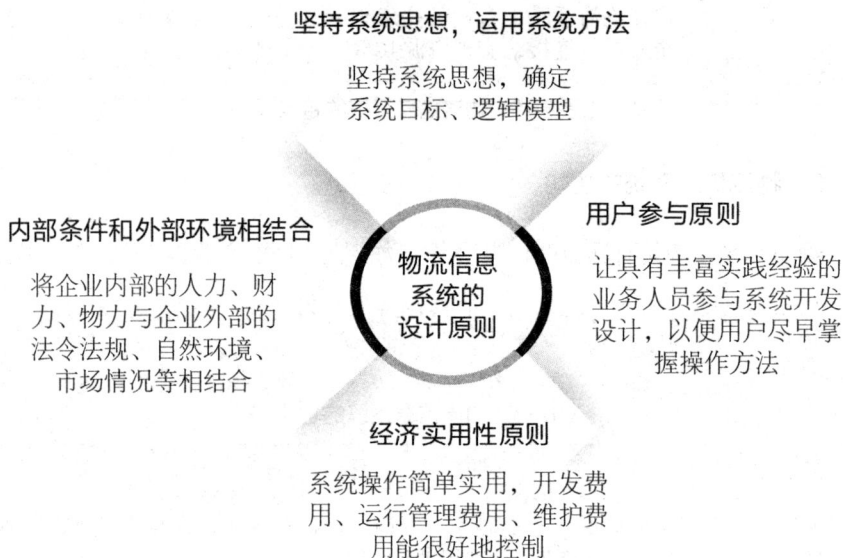

坚持系统思想，运用系统方法

坚持系统思想，确定
系统目标、逻辑模型

内部条件和外部环境相结合

将企业内部的人力、财力、物力与企业外部的法令法规、自然环境、市场情况等相结合

物流信息系统的设计原则

用户参与原则

让具有丰富实践经验的业务人员参与系统开发设计，以便用户尽早掌握操作方法

经济实用性原则

系统操作简单实用，开发费用、运行管理费用、维护费用能很好地控制

图6-2　物流信息系统的设计原则

在具体的信息系统设计工作中，首先，需要做可行性研究，也就是让有实际工作经验的人员针对拟开发系统的主要问题，从技术、经济、管理方面进行深入调查、研究、分析、比较，提出可行性方案，然后决策者选择其中投资、进度最合理且效益最高的方案。其次，进行系统分析工作，分析企业生产经营管理工作和用户及企业发展战略的需求，确定逻辑模型。再次，依据系统分析阶段建立的逻辑模型，确定系统软件的结构和功能，以及它们之间的联系。复

次，进行系统实施，对设计的程序和系统进行调试，对使用人员进行培训，准备相关数据。最后，对系统的运行进行评价，根据系统运行的结果是否良好等对系统的运作做出反馈并加以改进调整。

大数据技术在物流中的渗透

数据，是信息的一种载体。物流行业丰富的数据资源构成物流大数据，也就是物流信息集。物流大数据技术在云计算技术的支撑下，在物流行业中不断地渗透。这样的结果就是，物流活动产生的物流数据，依托信息技术进行汇总归纳，然后经过整理、计算、分析后，被再次应用到物流管理活动中。因此，大数据技术，对物流管理和物流信息管理都有着重要的作用。

1. 大数据技术在物流管理中的应用

大数据技术作为以数据为本的新一代信息技术，在物流行业的应用中，其可以深层次地挖潜物流数据，为物流管理提供便捷的服务。

物流大数据来源广泛、类型繁多，可以直接来源于物流客户、网络、技术设备等。物流大数据同样结构多维、形式多样，这些数据以文本、图片、音频、视频等各种形式存在着。丰富多样的数据使得大数据技术在物流中的应用具有独特的特征。

（1）大数据技术的应用潜力不可估量

信息是物流行业的一项重要资源，而大数据技术的高速发展和普遍应用，使得从内到外的物流数据都被囊括在大数据技术的屏罩下，通过对数据进行技术处理，可以为物流企业的决策者提供全面、准确的决策参考信息。而且这种信息处理方式速度快、成本消耗低，不受系统运营限制，可以便捷、低成本地实现物流企业的信息处理。大数据技术非常适宜物流行业。目前，物流行业大数据技术尚处于初级阶段，它未来的应用前景不可估量。

（2）大数据有着显眼的供应链特征

在物流供应链环节里，大数据开始供应链化。也就是供应链中的数据采集、信息获取、数据整理、数据分析、数据价值挖掘、数据应用开始在大数据技术的引导下步入一条龙服务模式。也就是在物流信息组成的信息供应链中，大数据技术将信息供应链中各个节点的各种物流数据串联起来，使它们如同分布在一个数据网络里。

2. 物流中大数据的千姿百态

大数据技术已经开始深入物流中的应用，但是为了在大数据背景下更好地使用物流大数据，就需要对物流大数据进行分类，以便在利用大数据的时候，可以更好地抓住关键数据，进而可以更好地有针对性地对物流大数据进行分析和认定。大数据背景下的商物管控数据可以分为商物数据、物流网络数据、流量流向数据。

（1）商物数据：是与流通商品相关联的各种数据，还可将其进一步划分为产品类型数据、商品类型数据、货物类型数据。

（2）物流网络数据：物流网络也是商品流通的网络，可以将其进一步划分为物流节点网络数据与网络数据。

（3）流量流向数据：新物流网络中的数据处于流通状态，产生了货物流量和流向数据，可将流量数据划分为流量分析数据与流量调控数据；流量数据可分为流量分布数据和流量优化数据。

此外，针对物流供应链，也会对物流大数据按照供应链层面进行划分，这就有了采购物流数据、生产物流数据、销售物流数据、客户物流数据。根据物流业务进行划分时，物流大数据还会被分为运输数据、仓储数据、配送数据和其他业务数据。

3. 大数据技术背景下的物流管理

在大数据时代，企业对数据的重视程度不言而喻。随着各种数据采集和分析技术的成熟，利用大数据技术对供应链进行优化管理成为可能。这种优化主要体现在供应链的智能化、协同化、市场化方面（如图6-3所示）。

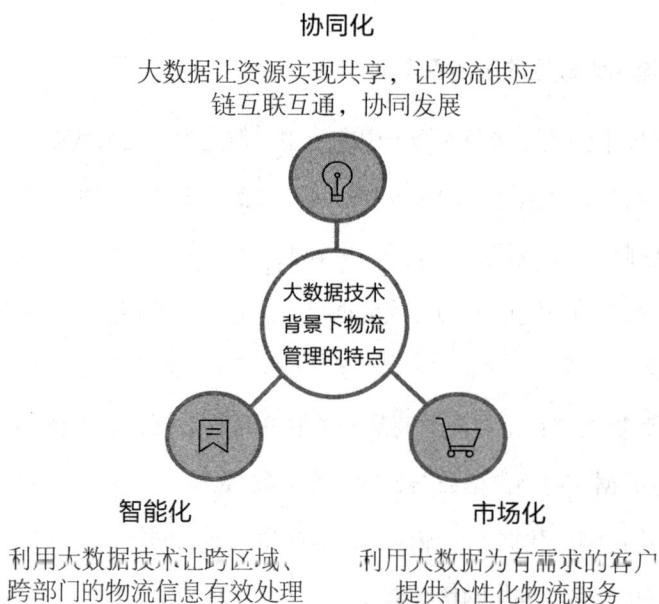

协同化

大数据让资源实现共享，让物流供应
链互联互通，协同发展

大数据技术
背景下物流
管理的特点

智能化

利用大数据技术让跨区域、
跨部门的物流信息有效处理

市场化

利用大数据为有需求的客户
提供个性化物流服务

图6-3　大数据技术背景下物流管理的特点

那么，大数据技术背景下的物流管理具体有哪些措施呢？

（1）精准收集数据，提升企业市场预测的准确性。以数据平台等为媒介收集市场信息，对数据进行加工设计，根据企业自身的实际情况，协调供应链上下游，进而制订可行的物流管理计划。

（2）充分利用数据，实现供应链企业之间的无缝衔接。借助数据平台的丰富信息资源，构建适合企业自身的数学模型，找出物流管理链条中的利益增长点。

（3）有效分析数据，优化公司战略。利用大数据技术对物流企业内外部的信息进行全面的收集和掌握，再进行智能化的分析，发现企业发展存在的问题，进而对企业战略进行优化。

（4）发挥数据优势，改进企业业务流程。利用大数据技术的信息传递模式，合理有效地设计企业业务流程，让信息在企业内部高效地传递，进而帮助物流企业实时掌握物流发展动向。

现代化信息技术构筑公共物流信息平台

大数据的发展和使用范围的拓展，让大数据物流信息平台的需求日益增长。物流数据平台的运行，方便了物流信息的共享和交流。智能、高效的物流信息平台更是受到了人们的青睐，这些物流信息平台不仅方便了广大平台使用者的物流业务发展需要，还让资源在物流平台的引导下实现了高效利用。

1. 公共物流信息平台的设计要点

现在，虽然物流信息平台的利用开始变得普遍，但是随着物流业务的拓展，物流服务需求量迅速增加，物流服务平台在一定程度上已经无法满足一些用户的需要。例如，在电商的促销时节，物流网络可能会出现不支持的现象；也有些商家可能在库存管理方面存在问题，无法实现供给与需求相匹配……这就需要对物流信息平台重新进行设计改造。

现阶段，公共物流信息平台的主导业务有仓储备货、配送中心选址、车辆调度与运输线路布局。所以，在设计物流信息平台时，要明确这些业务的作用原理，然后再着手去做。

（1）仓库备货。获取网站访问记录、消费关注的信息类型、电商平台的交易数据、物流公司的运营情况等数据，在此基础上设计正常的货物供应。利用大数据优化仓储备货，以需定储。

（2）配送中心选址。考虑交通运输情况、以往快递的流向、配送空间布局等，然后运用大数据及空间地图，为物流服务平台提供可参考的有效信息。

（3）车辆调度与运输线路布局。追踪包裹配送、配送反馈、配送车辆资源分布的数据，为新的物流平台设计提供基础；根据发货地、包裹接收地的密度分布，以及配送过程中的天气、交通情况等选择理想的运输线路。

2. 公共物流信息平台的业务

一个完备的公共物流信息平台的作用是提供数据信息，可看作是物流信息平台的业务范围。主要有提供网络搜索数据、车辆轨迹数据、地理信息系统数据、天气数据、物流公司以往配送数据、商家及货物需求数据、社交媒体数据等业务。

物流信息平台的数据提供业务的特点（如图6-4所示）。

图6-4 数据提供业务的特点

3. 构建公共物流信息平台的关键技术

物流信息平台上有广泛的数据提供服务，这些数据对于用户来说是可靠的一手资料，为了方便客户采用，需要配备专业的大数据管理平台来处理各个类型的信息数据，综合管理数据信息。物流平台在大数据应用上需要掌握以下核心技术。

（1）分布式存储技术。采用Hadoop的HDFS分布式存储系统将分布在不同区域、不同系统中的存储资源连接到一起，提高平台的信息存储及分析能力。

（2）分布式计算技术。采用以Map-Reduce为代表的主流分布计算方式对不同数据库、不同类型的数据进行处理。

（3）实时流式计算机处理技术。借助流式计算机处理技术，用高速数据流的方式对天气情况、路况信息变化等实时信息进行处理。

各种信息技术对物流管理的影响，直接导致了物流管理的革新。对物流中的信息进行现代化的技术处理，使得物流不再只是一种根据需求进行运作的管理活动，特别是大数据技术的应用，使得物流变得更加主动——主动搜集数据，主动分析数据，主动寻找潜在客户。在现代化信息技术的影响下，物流信息管理将更好地服务于物流管理。

拓展阅读：信息技术推动物流革新，实现资源共享

信息技术对物流行业的革新，主要体现在信息技术的先进性与强大性。信息技术让物流信息交换能够在没有人为因素的干扰下自动运行，这种自动化运行还可以减少物流活动差错的出现，进而减少不必要的资源浪费，达到节约费用的目的。此外，信息技术的大范围应用推动物流企业不断进行技术革新，开发出更高效便捷的物流服务支持产品，使物流企业在市场竞争中保持优势。

有数据统计，我国有95%的仓库管理落后，信息化水平低。同时，这些仓库由于缺乏共享与有效连接，以致仓库的使用率较低，难以提升。这种落后的管理模式使得物流供应链的一些环节缺乏活力，进而影响整个供应链的灵活性，这种活力缺乏对于一些小的物流公司来说，就是制约其发展的瓶颈。

俊奥是杭州的一家母婴用品进出口贸易公司。经营产品有700多种，为广大的商超、便利店、电商平台、分销商供货。俊奥在对仓库管理体系进行优化之前，仓库里的货物堆放杂乱无序，出货率极低，漏发错发事件更是层出不穷。

为了改变这种低效的仓库管理体系，俊奥开始进行云仓专业化仓库规划。具体做法是：将仓库划分为五大功能区，导入自己研发的WMS系统，让"货主—货物—库位"精准匹配。此外。实行新建立的出入库标准化SOP流程，使得拣货时可以围绕波次、有效期、包装等维度进行，让拣货路径自动优化，拣

货员只需要按照系统提示进行标准化操作即可完成拣货任务。

信息技术的应用使物流供应链管理更加科学化，让供应链上的资源利用不良问题开始有了解决的途径。当然，信息技术的进步与应用，同样促进了资源共享模式的建立。

当前的经济共享模式塑造了共享物流，也可以说共享重塑了物流行业。物流共享对于我们来说并不陌生，在信息技术的承托下，数字共享信息平台逐渐走进物流中。

数字共享平台规模巨大，能为现有资源提供一个完美的共享途径。像共享仓库空间、运力、业务数据、共享员工就是物流经济共享的一个层面。在我国，庞大的物流体系对于共享物流来说是一个非常巨大的市场。

比如车货匹配方面的实践。这种通过信息平台建立的车货匹配连接，可以让货物实现高效运输，也可以让车辆得到充分利用，而且其定位跟踪又能够保证货物的安全，时刻做好接车准备。

第三方物流也是共享物流的实践者。像上海外联发，其作为第三方物流企业，通过信息技术的运用，创建了针对物流服务对象的业务协作平台，这一平台的建立，使得生产制造商、供应商和3PLs（指为公司提供全部或部分物流服务的外部供应商）之间的信息实现了共享。而且该协作平台还能对合作者发出的物流业务请求信息及时做出响应和反馈，使得各方只要在该协作平台的帮助下，就可以实现实时信息共享与交流，极大地方便了物流服务业务的进行。

共享物流给物流行业带来了一个重要的发展契机，这个契机使得物流活动不再只是独立地进行物流活动，而是在对信息的分析和理解下，开始对物流活动进行规划和筹措，让物流活动变得更加主动。

物流行业在信息共享时代，受益于信息共享，也会推动信息共享，进而实现资源共享的发展。

第七章

物流服务管理:
多途径服务满足客户的需求

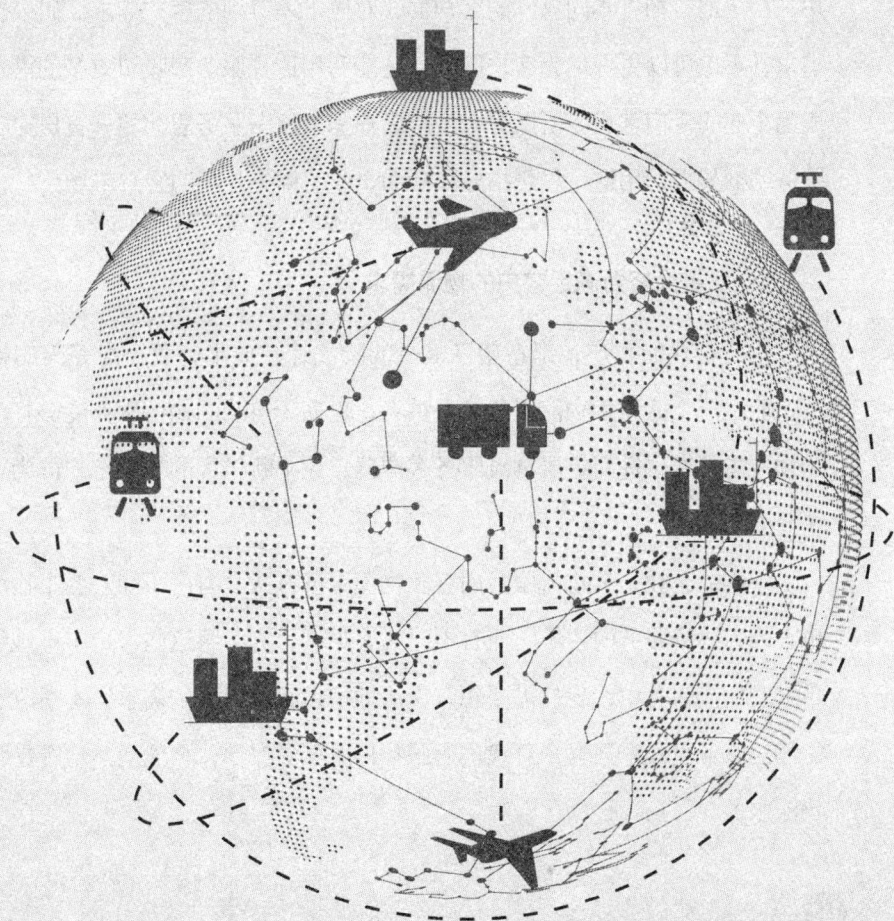

了解客户的需求，开发潜在客户群

把握客户需求一直是客户服务的核心思想。各行各业都会有不同喜好的客户，相应地，拥有不同喜好的客户群会对应千差万别的客户需求。研究客户的需求，不仅可以更好地为客户服务，还能利用这种服务来吸引更多的潜在客户成为企业的专门客户。所以说，了解客户需求这一服务思想要一直贯穿在物流服务的框架内，用这一思想指导和帮助企业发掘更开阔的客户市场。

1. 尽最大努力满足客户的物流需求

物流企业的客户，都希望以最少的物流综合成本，获得最完美的物流服务。而物流企业作为物流服务的提供者，也期望自己的物流服务能够打动更多的物流需求者，进而扩展物流服务客户群，让不断扩大的物流客户群为企业带来更多的效益。

不同的企业，其物流服务内容和物流服务方式会有所不同。各个物流企业也会因为物流服务内容不同而有不同的客户群，为了将这些客户牢牢地维系在自己的物流服务中，我们需要想方设法地挖掘客户更多的需求，不断改进企业的物流服务模式，让客户对我们的服务形成享受惯性，自然而然地选择我们的物流服务。

为了最大限度地满足客户的需求，物流企业就要对自己的物流服务过程有一个细致的认识，明确物流服务前、物流服务中、物流服务后的具体工作（详见表7-1）。

表7-1 物流服务过程

服务过程	服务内容
物流服务前	对客户服务政策的相关陈述
	确定实施客户服务的组织机构
	制订用于应急的计划，保持服务的灵活性
	为客户提供相应的管理培训服务
物流服务中	对产品的供应能力进行缺货水平的测度
	高效、准确地为客户提供订货信息
	对从订单到产品交付的订货周期有一个合理的预测
	为了缩短订货周期而进行加急发货的准备
	为避免缺货，做好地区之间的转运准备
	保证服务系统准确运行，不会出现业务差错
	提供方便的客户下单流程
	为满足客户的多样化需求，做好替代产品的准备工作
物流服务后	为客户提供安装、质量保证、变更、修理等后续服务
	对相关物流产品进行跟踪，解决好后续利用过程中的潜在问题
	按规定为客户提供相应的赔偿、退货等服务
	为客户提供临时性替代产品，便于客户修理已购产品

2. 将客户进行细分以便做到精准服务

在有了完善的物流服务之后，物流公司还要对自己的物流客户进行细分，以便为其提供精细化服务。那么客户细分该怎么做呢？我们可以按照客户对物流服务的要求来进行：一类是要求进行高标准服务的客户，即要求物流服务的全过程都比较严格，如必须按指定的时间准确无误地送达货物；另一类是要求进行中等标准服务的客户，他们对物流服务的要求并不会很苛刻。

3. 明确客户服务职责进行客户服务

在物流企业通过完善的服务吸引客户之后，更需要利用自己的物流服务来打动这些客户。那么物流公司如何进行客户服务呢？其实，物流公司只要遵循以下客户服务原则，就可以给心仪的客户提供优质的服务。

（1）视客户为亲友。在企业与客户的交往中，不能仅考虑利益问题，还要建立长久的合作关系，相互支持，相互促进，相互依赖，共同进步发展。用高质量的情感服务来对待每一位客户，才能使客户以更大的热情投入本企业来寻求发展。

（2）客户永远是对的。这一服务思想是在抽象意义上界定的，要求企业在实践中，要将所有的客户看成一个整体，为整体的客户服务，不应该因为个别客户的不当行为，而影响到对所有客户的看法。

（3）客户是企业的主宰。企业应将尊重客户视为企业的天职，认真履行应尽的义务；根据客户的需要决定企业的经营方向，选择企业的战略；建立客户满意的全面质量服务保障体系，使企业各部门都能围绕"使客户满意"为目标开展工作，最终使企业的服务质量全面提高。

线上线下都是可选择的物流服务方式

　　各行各业进行客户服务的渠道多种多样，物流企业同样如此，为了能够为客户提供细致周全的物流服务，不管是线上方式，还是线下方式，都是物流企业可以采用的物流服务方式。利用好这两种物流服务方式，就可以为各个层面的客户提供服务。

1. 物流服务的内容

　　物流服务就是对有物流需求的需求商按其需求提供相应的物流服务（详见表7-2）。

表7-2　物流服务的内容

服务项目	具体内容
运输服务	物流服务商首先为客户设计运输路线，然后组织物流系统内的运输作业，最终完成货物运输服务
仓储服务	物流服务商为客户提供货物仓储服务，配合各种措施尽量降低仓储成本，还可以对仓储水平进行管理，使之处于合理的水平
装卸搬运服务	物流服务商为客户提供专业化的装载、卸载、提升、运送、码垛等装卸搬运机械工具，以提高作业效率，降低订货周期

续表

服务项目	具体内容
包装服务	对销售包装进行组合、拼配、加固，形成便于配送的物流单元
流通加工服务	为制造商或分销商提供贴标签、制作并粘贴条形码等服务
物流信息处理服务	将各个物流环节的信息进行实时采集、分析、传递，向货主提供各种作业明细信息及咨询服务

2. 线上物流服务方式

在线服务，就是利用网络资源进行线上的物流客户服务。关于这种服务方式的具体操作，物流公司需要在客户服务中心专门设置线上渠道，让习惯使用网络的客户进行相关业务的咨询或售后相关问题的反馈等。

线上物流服务方式有多种形式，比如专门的客户服务热线、专门的信息咨询平台、专门的客户网络交流中心等，让客户可以有多种网络渠道来反馈自己的问题或咨询相关的物流服务。

联想电脑就有24小时支持的报修服务热线，这条服务热线由专业人员负责，全年畅通。此外，联想的服务热线很特殊，它的客户服务中心设置的专业程度和技术含量特别高。首先，这些服务人员都是专业的工程师，由工程师来对客户咨询的相关专业问题进行解答。这些工程师都是经过系统的训练，严格的培训、考核和认证之后才上岗的。其次，工程师长期从事IT服务，具有丰富的工作经验，服务方式规范，且非常热情。联想的客户服务还有一个特点，那就是服务内容非常丰富。软件方面的专业问题都能够在客户服务热线上得到解答。

此外，联想还有一条电话咨询热线，服务时间为工作日的8：30~17：30。这条热线专门提供咨询服务。

联想这种报修热线和咨询热线相分离的模式，不仅方便了自己的工作，简化了工作内容，还提高了工作效率。这对于很多物流企业来说都是可以借鉴的服务模式。

3. 线下物流服务方式

线下物流服务方式就是现场服务，如一般的公司都会设置前台，前台就是线下服务的一个表现。当然，设置线下的专门服务咨询场地也是可取的物流服务方式，这对于上门进行业务咨询的客户来说是一种能够被接受和采纳的服务，而且通过现场交流，客户的信赖度也会提升。

我们还是以联想的线下服务模式来举例。联想设有专门的现场服务场所，这种现场服务一般在工作日进行，服务时间为8：30~17：30。这种服务形式不仅能够解决客户的一些相关问题，而且有需求的客户还可以得到现场指导。比如，对于需要修复的电脑，进行现场服务就是特别好的方式，这可以让客户亲自体验电脑维修方面的专业手段，也可以让他们学习到一些专业的修复技能，一举两得。

所以物流行业可以借鉴联想的这种现场服务方式，对于专业化物流设备的操作，为客户进行演示，可以让客户更好地理解物流作业的规范化细节，从而选择更便捷的物流服务来满足自己的物流需求。

确立服务标准，提高物流客户服务水平

服务标准就是按照怎样的要求来为客户提供服务。好的服务标准能够很好地吸引客户，因为这种严格按照标准进行的物流服务更能在专业性方面打动客户，而且这种服务方式也体现了企业对服务的重视，以及对客户的尊重，这能够增加客户的信赖度。物流企业设置自身的物流服务标准，同样可以达到这种效果。

1. 物流客户服务标准构建的前提条件

客户服务标准的制定是为了构建更好的物流服务体系来为客户服务，这对于企业业务的稳定、收益的提升都有一定的影响。

物流客户服务标准的构建有一定的前提条件。具体来讲，就是我们在制定服务标准时要有一个明确的目标，即我们计划为客户提供的物流服务标准是怎样的，这些标准必须是具体的，能够通过 定的方式进行衡量，而且不会超出自己的能力范围，能够在客户服务中实现。像有的当日达物流服务，在确定当日达这项物流服务的时候，一定要对自己的物流配送能力进行考量，进而确定不能完成的运单，应该限制在怎样的水平以下等，这些问题都要结合物流公司的实际情况来制定，才能依据服务标准获得客户的支持，提升客户的满意度。

2. 物流客户服务标准的内容

物流客户服务标准的具体内容，与物流的环节和活动相关。当物流环节或者物流活动按一定的标准进行时，实际上就是在践行物流服务标准。

物流服务标准的具体内容如下。

（1）顾客从提交订单到收到订货的时间长短；

（2）顾客订货能够直接在已有库存中完成的百分比；

（3）从收到订货单据到货物装载运往客户手中的时间；

（4）正确提取和送达客户订货的百分比。

当然，还有客户服务量、度的标准，如订单完成及时率、订单完整率、送达货物完整比率、订单完成准确率、账单的准确率等，以此对客户服务标准进行度量、评价、判断和考核。

3. 制定客户服务标准的注意点

制定客户服务标准是一项非常专业的物流管理活动，所以在制定标准时要从专业的角度出发，严谨地对待标准制定和标准的具体内容。这就需要在制定物流服务标准的时候注意以下事项。

（1）避免采用易于实现的指标来作为物流服务的标准，标准参考指标过低是没有参考价值的；

（2）设定一个100%的物流服务质量水平，用这种较为完美的标准来激励物流服务水平的提升；

（3）以客户为中心，了解客户的迫切需求，然后以此来制定物流服务标准；

（4）应配置衡量、监督、控制物流客户服务标准执行的规则和尺度。

下面我们以顺丰速运的同城服务为例来进行说明。

顺丰速运的同城服务又叫作同城急送，以下是关于顺丰同城急送服务的相关介绍。

（1）服务介绍。同城急送服务面向所有客户的全场景同城物流配送，最快30分钟送达（含上门时间），专人直拿直送，打造顺丰高时效物流产品，为客户提供全城范围内的急速配送服务。

（2）配送时效。平均每30分钟送达3千米，平均每60分钟送达5千米，如遇恶劣天气、高峰时段等影响，配送时效可能会有临时调整。

（3）服务范围。中国内地各大核心城市均可提供同城急送服务，服务范围在不断扩展中。

（4）下单渠道。微信搜索关注"顺丰同城急送"微信公众号，点击"快速下单"进行寄件，或微信搜索"顺丰同城急送"小程序进行寄件。商户发单，可下载"同城急送"App进行注册下单。

（5）服务定价。不同城市，服务定价有所不同。如有大量发单需求，支持客户月结支付。

（6）服务时间。同城急送提供365天无休配送服务，不同城市，服务时间段不同，特殊节假日、特殊时间段会根据情况收取特殊时段服务费。

（7）服务保障。当物品发生损坏或遗失时，一经核实即按协议约定赔偿标准赔付，最多不超过商品实际销售价值。下单时，如果选择保价服务，除支付运费外，还要按照保价费率支付保价服务费。若发生因承运人原因而导致的货物损失，公司将按照实际损失给予客户在保价额度以内的赔偿。

做好维护工作，保证物流客户稳定

企业要想把握好客户资源，必须要利用自身的服务。在客户服务方面，不只是高质量的服务本身给客户带来的满意，更是从情感上打动客户，将客户的心牢牢抓住。那该怎么打动他们，让他们成为最忠诚的客户呢？

1. 用服务提高客户满意度

服务是客户最看重的，也是联系企业和客户最直接的纽带，所以说，提高客户满意度是客户服务的核心。

客户满意度是客户对所享受的产品或服务的满意程度，能够用来判定客户将来进行再次消费的可能性，是客户满意程度的感知性评价。

但是客户满意度会受到各种因素的影响，就物流服务客户满意度而言，影响其满意度的因素主要有时间性、可靠性、灵活性（详见表7-3）。

表7-3　客户满意度的影响因素

影响因素	具体内容		
时间性	受订单传送时间、订单处理时间、订单准备时间、订单发送时间等变量影响	买方	订单周期
		卖方	备货时间或补货时间

续表

影响因素	具体内容
可靠性	可靠的时间周期、安全的交货、订单的正确性
灵活性	根据客户的不同物流需求设置进行物流服务

2. 建立客户关系管理机制

客户关系管理的含义包括两方面。一方面，企业要维持现有的政策、资源、流程等基础；另一方面，企业要应用信息技术获取并管理客户知识，创造有价值的客户活动，提升客户的忠诚度，从而产生并长期保持成本和利益优势，以及可持续竞争优势。

所以客户关系管理就是以客户为中心的客户管理模式，充分挖掘客户信息，建立有效的、能够快速反映客户服务的网络，以此来获得更庞大的客户份额。这种客户关系管理也有特别好的效用（如图7-1所示）。

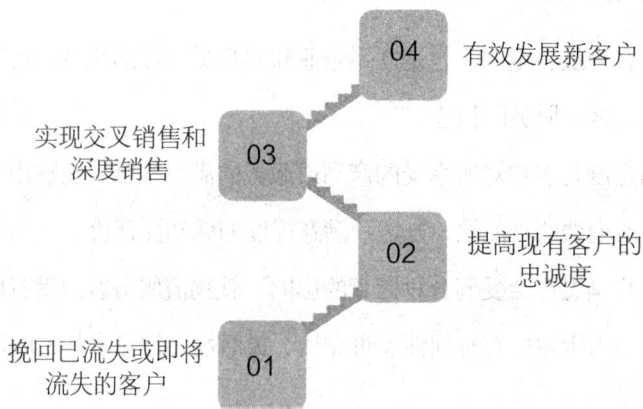

图7-1　客户关系管理的效用

3. 客户关系管理方案的实施

具体的客户关系管理方案的实施步骤如下。

（1）明确业务计划。要求企业在考虑客户关系管理时，明确客户关系管理中，具体要实现什么样的目标，了解进行这种管理能够给企业带来的价值。

（2）建立客户关系管理组织。为了及时维护、管理客户关系，企业要建立一支专门负责管理客户关系的组织。

（3）评估销售和服务过程。在评估客户关系管理方案的可行性之前，方案实施者还需要详细规划和分析自身的具体业务流程，对服务和销售过程进行评估，看看改善服务对销售是否有明显的促进作用，以便将来对方案的实施结果进行评价。

（4）明确实际需要。在对企业进行全面了解的基础上，从销售、服务人员的角度，分析客户关系管理的实际需要，并确定实际需要完成的功能。

（5）选择方案提供者。在选择客户关系管理方案时，要确保方案的提供者对企业的实际需要有充分的了解，理解企业的实际需要，并且方案能够很好地解决现有的问题。

（6）按进度进行安排。在设计客户关系管理方案时，企业需要与方案提供者密切合作，多进行交流，按照项目的进度进行安排，有序跟进。

保管好物流客户资料，让客户更放心

物流服务公司要想以服务而闻名，要想在物流服务方面占领更大的市场，就要从客户服务的多方面着手进行开拓创新。物流服务客户档案管理也是物流服务商需要重视的一个方面。通过对这些物流客户档案的研究，物流服务商通常可以发现很多有价值的信息，这不仅对物流客户管理至关重要，能够让客户找到可以信赖的物流服务者，而且对物流服务业务的进行有很大的帮助，能拓展物流业务服务区域。

1. 做好客户资料管理工作

目前，客户资料大多数实现了电子化，电子化的客户档案资料存储更加方便，也更加环保。妥善保管好这些客户资料信息，对物流服务提供商来说是一项重要的工作内容。

管理客户资料，最重要的就是要确保客户资料的安全，防止客户资料泄露。一般而言，提供物流服务的企业都有一部分有效客户，还有一些潜在客户等待开发。对于已经进行物流服务的客户，物流服务企业一定要将这些客户的信息资料做妥善的保管安排。

当然，进行客户资料管理，除了可以防止客户信息泄露，还能方便公司业务的开展。也就是公司可以根据客户的档案信息，对客户的物流服务需求做进一步的研究，按其以往的需求提供个性化物流服务。那么如何进行客户资料管理，才能增加客户对公司的信任感和依赖感呢？

心怡科技物流为了成为客户依赖和信任的好客服，将客服工作做到尽善尽美。

首先，他们的客服人员从日常的客户服务交流中积累信息，尽可能熟知客户，掌握客户各方面的需求。在掌握客户基本信息及需求的基础上总结经验，灵活处理客户的每一项需求。比如，在跟客户进行交流的时候，使用合理的问候语，增加亲切感，拉近与客户的距离。对于一些与物流不相关的话题，客服人员也会耐心倾听，与客户进行沟通交流。这种与客户近距离的交流沟通，除了能增加客户的信任感之外，还能够与客户建立更加牢固的关系，在解决物流问题的过程中会更加方便，客户也会更加愿意配合。

其次，让客户知道心怡科技物流的存在，并信任心怡科技物流，有问题时会第一时间与公司联系。为此，心怡科技物流对客户的货物进行跟进，并及时与客户进行交流，询问客户对物流服务的意见，通过各种交流和物流行动增加客户的信任感。

客户资料管理工作的进行，需要日积月累，在日常的客户交流沟通中，要掌握服务技巧、总结经验，这样才能建立完善的客户档案，积累丰富的客户资料。同时，还能实现提高客户服务满意度、维护客户的目的。

2. 建立良好的客户关系，促进企业成长

企业实施物流客户服务管理，能让物流客户牢系在企业手中，让企业拥有

良好的客户关系，从而促进企业的发展和进步。

（1）在细分市场营销时期，物流服务是企业销售出现差别的战略之一。在细分市场营销阶段，市场中会出现多种多样的消费需求，而且这些需求会不断分散。所以企业要迅速对物流服务进行改革，用差异化服务满足不同需求层次、不同需求类型的市场客户。

（2）物流服务方式的选择对降低物流流通成本具有重要意义。选择合理的物流服务方式，不仅能够提高物流服务效率，还能降低物流成本，推动企业发展。

（3）物流服务能有效连接供应商、批发商和零售商。在这种网络化兴起的物流竞争环境里，企业经营网络的构建成为必然，这打破了供应商、批发商和零售商之间的隔阂，推动商品从生产到消费的快速流转。物流服务也能够不断地将物流信息反馈给企业。

物理服务管理作为物流管理中的一项管理任务，随着物流市场的发展，开始处于货主需求种类增多的环境中，这种多样化的需求又促使物流服务朝着精细化的方向发展。精细化服务将成为未来物流服务的主导。

拓展阅读：物流服务能满足客户多样化的需求

1. 阿尔法集团

麦当劳在欧洲崛起的背后，是阿尔法集团强大物流系统的支撑。阿尔法集团除了是麦当劳的物流服务商，还是其部分软件的提供商。这是因为阿尔法集团还有软件公司，其提供的软件为麦当劳处理复杂的信息数据。

阿尔法集团在与麦当劳的深度合作中，通过对麦当劳的需求进行评估研究，准确地预测麦当劳的汉堡、牛肉、鸡肉等的需求量，然后按需配货，形成了一条良好的合作体系网络。在这个网络中，物流、信息流、资金流完美地流转，极大地方便了麦当劳管理层的管理工作。

2. 中外运集团

我国的中外运集团（以下简称"中外运"）是一家大型国有物流运输服务企业，它以综合物流服务为主业，还配以海陆空货运、仓储代理业务。

中外运在为客户提供物流服务的过程中，以客户为中心，以满足客户个性化需求为己任，为广大的物流客户提供全方位的物流服务。其合作客户有保洁、米其林、壳牌、联想、可口可乐、达能、北京现代、苏泊尔等诸多大型客户。

中外运与保洁公司（以下简称"保洁"）的合作最具有典范意义。中外运

的保洁项目坚持"与客户共同成长"的服务理念，为保洁提供了安全、可靠、准确、节约、满意的物流服务。而且在合作的过程中，中外运坚持向国外学习先进的管理理念，不断提升管理能力。进而为客户提供更优质的物流服务。中外运对保洁在北京的物流服务，由开始的几千平方米仓储管理，变成后来保洁北京工厂所有产品的仓储管理、短途运输管理、库存管理，而且还承担了保洁在北京的产品配送业务。

中外运的物流服务理念打动了保洁，赢得了保洁的信赖，所以双方的合作不断加强。这种合作让双方实现了共赢。

3. 佛山物流

佛山物流作为佛山市的第一家物流企业，其物流服务对象主要限定在食品物流。因此，佛山物流在为多家食品企业提供先进的一体化物流服务的同时，还积累了客户群，掌握了丰富的物流服务经验。

佛山物流是海天调味公司的唯一物流一体化提供者。海天调味公司的产品只要流出生产线，就会经过大拖车的搬运直接进入佛山物流的仓库。然后佛山物流会根据信息系统跟踪产品的库存信息、出入库管理、业务过程管理、运输监控，而且信息系统会自动生成各种数据报表，这使得海天调味公司和佛山物流实现了实时的信息共享。

佛山物流通过先进的物流技术对海天调味公司进行全流程的物流管理，保证了海天调味公司的产品可以更加快速、准确、简便地下单，顺利完成相关的物流配送计划和库存管理。这种全系统的物流服务，使得海天调味公司更加专注于自己的生产主业，将公司的精力集中在生产线上，增强了海天调味公司的核心竞争力。

第八章

绿色物流管理：
用低碳物流实现企业的
经济循环

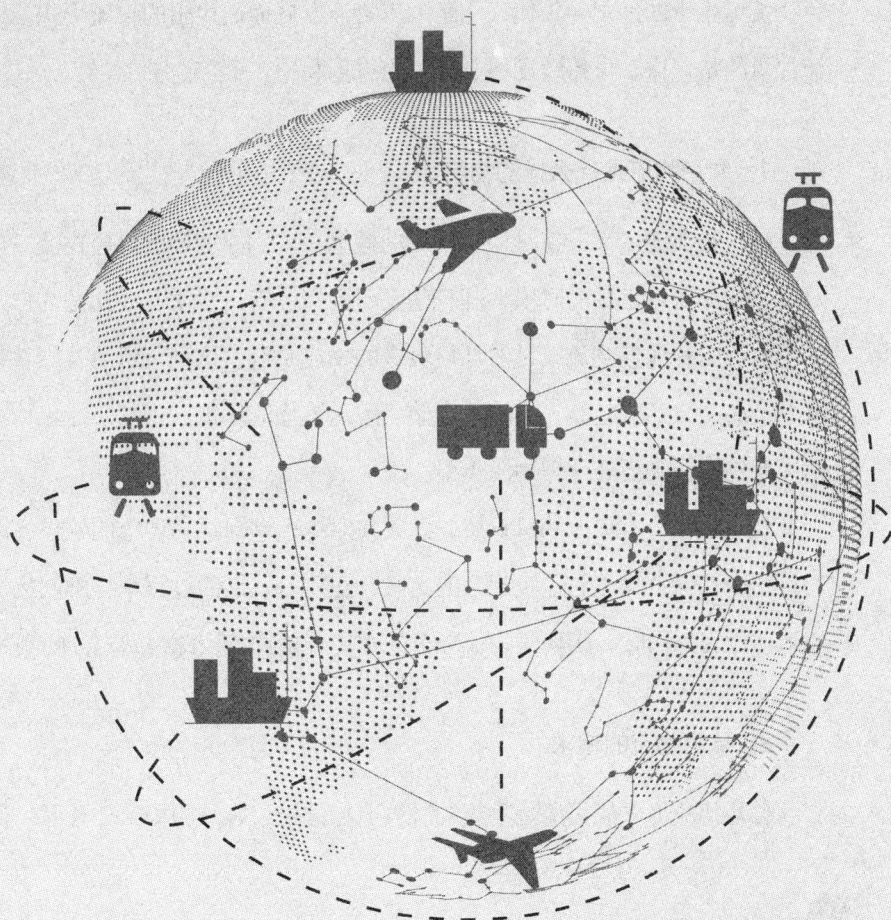

从基础着手，了解绿色物流管理

随着物流的发展，物流的形式逐渐丰富，绿色物流就是其中一种形式。绿色物流诞生于20世纪90年代，它是顺应物流发展而衍生出的物流形式。绿色物流注重的是环保、可持续发展、资源的重复利用。

1. 绿色物流是什么样的物流

绿色物流的定义一直是一个模糊的概念，人们能够理解绿色物流，但是在对绿色物流进行定义的时候，却有些大费周折。有一些学者最初是这样来定义绿色物流的：绿色物流就是对环境负责的物流系统，这种负责涉及原材料的获取，产品的生产、包装、运输、仓储、配送等物流环节。当然，绿色物流也包括废弃物的回收与处理等物流类型。

在对物流有了更深的认识后，尤其在对绿色环保这一理念的认识逐渐加深的过程中，绿色物流有了较规范的定义：在物流发展的过程中，抑制物流对环境造成危害的同时，实现对物流环节的净化，使物流资源得到充分的利用。

2. 绿色物流的追求

普通物流追求的可能是物流的时效、物流带给客户的极致体验等。但是，绿色物流追求的是社会效益和企业效益的最大化，效益是多方面的、整体性的，脱离了单纯的利益追求。在绿色理念的要求和范围内，企业在实现利益的最大化时，能够有效避免企业步入单纯地追求自身利益最大化的盲区，进而让物流对社会产生更大的效益。

物流作为服务行业的一员，它对社会的影响不会局限于某一方面或者某一个点，而是通过物流系统对社会整体产生影响。而发展绿色物流，能很好地解决物流与社会、环境之间的问题，使物流与社会、环境的关系更融洽，减少物流对社会、环境的不良影响（如图8-1所示）。

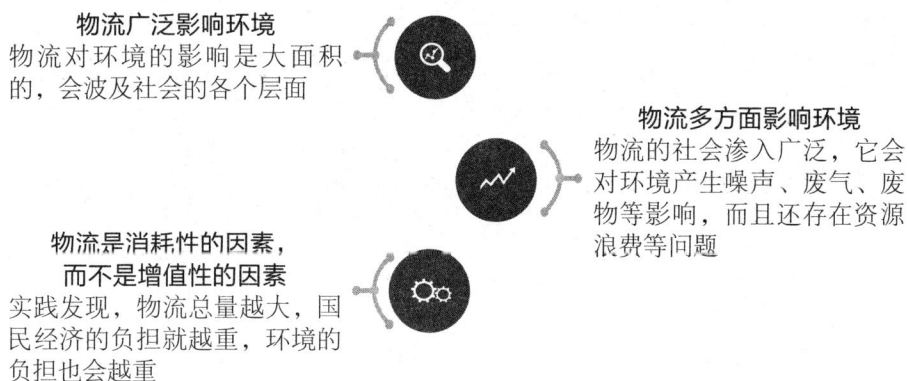

物流广泛影响环境
物流对环境的影响是大面积的，会波及社会的各个层面

物流多方面影响环境
物流的社会渗入广泛，它会对环境产生噪声、废气、废物等影响，而且还存在资源浪费等问题

物流是消耗性的因素，而不是增值性的因素
实践发现，物流总量越大，国民经济的负担就越重，环境的负担也会越重

图8-1 物流的影响

3. 绿色物流的内容

绿色物流就是要以绿色环保、可持续、重复利用为先导，来进行相关物流活动。在进行绿色物流活动的过程中，要采取什么样的方法、措施，才能实现这种绿色环保、可持续的物流，就是绿色物流的内容。

（1）抑制或减少对环境存在污染的物流活动；

（2）物流活动要充分、有效、节约地利用资源；

（3）减少物流环节，使物流过程更加合理化、短程化；

（4）尽可能地防止和降低物流对象的损失；

（5）物流活动要安全进行，避免出现危险事故；

（6）大力发展农产品的绿色物流，为生鲜农产品的物流过程提供必要的条件；

（7）物流过程要在文明、卫生的前提下进行。

绿色物流的实践应用

绿色物流诞生的时间较晚，但因为环保、可持续、重复利用等特点，受到了世界的普遍认同。此外，作为现代物流的新模式，绿色物流在各国受到了很多关注，在绿色物流的发展过程中，很多高科技被带入绿色物流的建设中。许多国家对绿色物流都进行了实践，但是碍于各种因素，这些绿色物流的实践呈现出了千差万别的现象。借鉴国外在绿色物流发展方面的先进管理方法和实践方式，对完善找国的绿色物流发展之路定会有所帮助。

1. 绿色物流在国外的实践

关于绿色物流的实践，德国、日本、荷兰三个国家都有自身的特点，而且这三个国家的绿色物流已成体系。所以我们通过这三个国家的绿色物流实例来了解它们的绿色物流实践。

船舶运输是德国贝克啤酒最重要的运输方式。贝克啤酒厂毗邻德国的不来梅港，具有很大的海运优势。贝克啤酒厂凭借全自动化设备，标准集装箱在8分钟内灌满啤酒，15分钟就可以办妥一切发运手续。贝克啤酒每年都会将大量啤酒通过海运运输到美国。此外，贝克啤酒也会选择铁路运输进行澳洲范围的

啤酒运输。贝克啤酒将自己选择海运和铁路运输的原因解释为环保。因为欧洲乃至世界范围内的陆路运输堵塞和污染日益加重，贝克啤酒便选择环保的铁路运输和海运方式，不仅节约了运输成本，也为自身贴上了环保的标签，在市场上的认可度越来越高。

日本的地下物流系统，是受日本地域狭小的驱使而启动的。作为日本政府重点关注和研发的科技领域，地下物流技术受到了广泛的关注。这一项目主要致力于研究开发物流隧道并实现物流的网络化，建立集散中心，形成地下物流系统。

日本建设厅的公共设施研究院，对东京的地下物流系统进行了二十多年的研究，这些研究包括对东京地区的地下物流系统进行交通模拟、进行经济环境作用分析、进行地下物流系统构建研究。该地下物流系统的建成，可以承担东京地区36%的货运，地面行驶车辆速度可提升30%左右。东京地下物流系统规模大、范围广，综合运用各个学科的知识，并与地理信息系统紧密结合。

荷兰首都阿姆斯特丹是世界上最大的花卉交易市场，往返于花卉市场和机场的运输方式主要是公路运输，但是拥挤的交通路况严重影响了花卉的及时运送。因此，阿姆斯特丹便计划在机场和花卉市场之间开辟一个专门的地下物流系统，以期达到快捷、安全的运输效果。

2. 绿色物流在国内的实践

绿色物流在我国的实践也是多种多样的，各家电商、快递企业的尝试都有可取之处。

2016年，菜鸟平台联合国内外的物流合作伙伴，通过技术、智能和协同开始探索绿色物流，以此推动绿色包装发展。这打破了物流业环保包装的空白，研发并推出了免胶带快递盒和可降解快递袋。

2018年，苏宁在全国范围内投放了20万个共享快递盒，这进一步扩大了共享和循环包装在绿色物流中的应用。

在我国的《关于协同推进快递业绿色包装工作的指导意见》中明确提到，到2020年，可降解绿色包装材料应用比例要提高到50%。

可以看到，绿色物流的发展是随着物流实际发展的需要而产生的，而且这种绿色物流模式以解决最迫切的物流需求为出发点。绿色物流利用高科技彻底解决物流发展中的瓶颈问题，让物流的发展更加符合人们实际生产生活的需要。

绿色物流管理的各个环节

我们已经知道，绿色物流可以解决物流发展过程中的一些棘手问题。从绿色物流的发展理念出发，总能找到更好的方法来让物流走上绿色环保发展之路。那么对于具体的物流环节要如何操作，才能实现其绿色化呢？关于这个问题，我们从物流活动的环节着手，分析这些物流环节中最迫切的物流问题，然后对症下药，实现物流环节的绿色化。

1. 绿色交通运输的管理

发展绿色交通运输，是为了解决物流运输活动中存在的交通拥挤、尾气排放造成的环境污染等问题。

交通环保建设已经成为行业共识，在公路和水路建设及运营的各个环节，基本形成了较为完善的机构体系、法规标准体系、环境监测和环保科研体系。《交通运输节能环保"十三五"发展规划》提出要把绿色理念融入交通运输发展的各个方面和全过程，着力提升交通运输生态环境保护品质，突出理念创新、科技创新、管理创新和机制体制创新，有效发挥政府的引导作用，充分发挥企业主体作用，加强公共绿色交通文化培育，加快建成绿色交通运输体系。

2. 绿色仓储管理

绿色仓储要求在仓储保管过程中，尽量减少储存货物对周围环境的污染，以及对周边人员的辐射，同时还要采取措施避免储存货物在仓储过程中出现不合理的损耗。

要实现仓储绿色化，就要在物流仓储保管过程中运用先进的保质保鲜技术，保障储存货物的数量和质量。对于有害化学物品、放射性物品、易燃易爆物品，要注意避免泄漏和污染。一般而言，任何物品在储存的过程中，都要采取科学有效的技术进行养护和保养，加强日常的检查与防护工作，使仓库设备与保管人员远离各种伤害。

3. 绿色装卸搬运管理

绿色装卸搬运就是在装卸搬运的过程中，采取现代化的措施和手段，尽可能减少该环节产生各种废弃污染物，如粉尘、烟雾等。

（1）在货物集散场地尽量减少泄漏和损坏，采用防尘装置，制定高标准，杜绝粉尘、烟雾污染的产生。

（2）对于清洗货车产生的废水，要加强现场管理措施，做好监督工作，对废水进行集中收集、处理和排放。

4. 绿色包装管理

绿色包装要求对货物进行包装时，采用能够循环利用、再生利用或易于降解腐化的材料，且要适度包装，保证这些包装材料在货物的生命周期中不会对人体及环境造成危害。

（1）生产部门采用可降解的材料对产品进行包装；

（2）商品流通中采用可重复使用的单元式包装，做好包装材料的回收再利用工作；

（3）对废弃的包装物进行分类处理；

（4）开发新型的包装材料；

（5）实行简化包装，进而节省包装资源，降低包装成本，提高包装效率。

近年来，网购成为人们消费的重要方式，快递迅速进入人们的生活，随之而来的便是快递垃圾。每一件网购商品都附带着相关的快递包装材料，大量的快递包装材料对环境造成了影响。我国为了应对快递包装造成的环境污染和资源浪费，提出了很多绿色包装意见，比如，完善快递业绿色包装法规标准，增加快递绿色包装产品供给使用，实施快递包装产品绿色认证，开展快递业绿色包装试点示范等任务。在国家实施生活垃圾强制分类的城市，将共同推动建设快递包装回收示范城市，明确不同快递包装的分类要求，在社区营业网点配备标志清晰的快递包装回收容器。

为了推行绿色包装，一些电商平台推出了纸箱换积分活动。天猫平台开设绿色包装专区；菜鸟平台在2017年开启了20个绿色仓库，推行回收快递纸箱的计划。

5. 绿色流通加工管理

绿色流通加工就是在物流环节采用环保、无污染的方式进行货物的流通加工。

要想实现绿色流通加工，可以从以下两点着手进行。

（1）将分散的加工组合成专业化的集中加工，形成规模作业，提高资源的利用效率，减少环境污染。

（2）对货物流通加工过程中的边角料进行集中处理，减少废弃物污染，对可利用的资源做好回收再利用工作。

绿色物流催生企业循环经济效益

要想让绿色物流企业产生循环经济效益，就要加强绿色物流的供应链管理。绿色供应链管理作为一种新的物流管理模式，在近年来得到了快速发展和认同。绿色供应链围绕生态环境问题，从可持续发展的视角出发，关注经济发展对自然环境的影响程度，力求减轻自然环境对经济的承载能力。绿色物流供应链要寻找新的经济发展模式，以综合发展满足人类长远的生存发展需要。

1. 实施绿色物流供应链管理

绿色物流供应链管理，将绿色和环保理念融入了物流管理的各个细节和过程中，使得整个供应链的资源消耗和环境影响副作用最小，是实现物流可持续发展的有效途径。

大众汽车采用的是一种分为四个阶层的供应链管理策略。其中，第一个阶层是德国的卡塞尔，在此供应链管理中，新加坡的辛克公司主要负责汽车零配件的物流服务。

第二个阶层是新加坡的大地区汽车配件中心，例如，新加坡的奥迪汽车配件中心，其配送范围包括了除中国和日本的整个亚太地区。第二个阶层的配件中心的物流服务同样由辛克公司提供。

第三个阶层和第四个阶层是汽车配件的进口供应商和最终各地汽车配件的零售商。

在第二个阶层中，物流活动最为频繁。汽车配件中心会根据各个制造中心的需求信息进行汽车配件的配送。为了快速响应配送任务，大众汽车建立了先进的信息传输网络，可以及时将各地的汽车配件需求信息进行传达，然后配件中心会通过远洋轮船、火车、汽车、空运或者其他可行的物流运输方式将汽车配件运输到制造中心、汽车销售网点或者车主所需要的地方。

在大众汽车的整个供应链中，汽车配件的配送90%以上是通过水运或者海运完成的，这种运输方式降低了大众汽车配件的运输成本，进而降低了整个物流成本。

2. 绿色物流的循环经济效益

绿色物流将绿色制造理论、供应链管理技术作为基础，涉及供应商、生产商、销售商和用户。绿色管理可以覆盖产品物料获取、运输、仓储、装卸、搬运、流通加工、废弃物处理的整个过程，通过这种全供应链的绿色化管理，可以最小的环境影响实现最大化的资源利用。

快递行业的绿色物流实践此起彼伏。顺丰作为快递行业绿色物流的最早践行者，在2013年就组建了自己的包装研发团队，2016年更是将包装研发升级为"顺丰科技包装实验室"，该实验室设计了共享循环箱——丰·BOX。丰·BOX是一款高科技货物包装箱，其循环利用功能有效解决了物流包装成本高、破损多、操作效率低、资源浪费等问题，而且开创了易拆封、可折叠、防盗、内绑定的用拉链代替封箱胶纸的封口方式。此外，丰·BOX还被赋予了防静电、防水、阻燃、隔热、保温等特殊性能。

京东物流也不甘落后，在2017年6月，联合品牌商共同发起了绿色供应链联合行动，来推动物流行业绿色发展。该行动的主要着眼点为减量包装、绿色物流技术创新与应用、节能减排等。就包装方面来说，京东物流的包装科研监测中心，先后研发了新型两层物流标签、生物降解快递袋等新材料快递用品。

目前，京东已经开始大规模使用自己研发的可降解包装袋，同时，京东还投放了物流循环箱。此外，京东还联合宝洁、雀巢、联合利华等公司开展"协同仓"项目、带板运输方式等活动，使得这些公司的供应链运营效率大幅度提升。

除此之外，其他一些快递公司也在绿色物流供应链方面积极实践，如圆通快递，通过与多家绿色循环包装、固废回收企业的深度合作，来构建包装循环、回收的物流包装再利用体系。

在不断地尝试和改进中，人们对绿色物流的实践主要集中在包装材料的研发改进，以及包装材料的回收再利用上。当然，信息技术的利用也减少了纸质化标签和签单的使用。但是物流供应链是一个非常庞大的系统，涉及众多的物流环节，需要人们集思广益，不断从各个层面寻找绿色物流的突破口。运输、仓储、流通加工等环节依然存在一些不合理的物流现象，这些都需要我们结合实际情况进行优化和改进。

发展绿色物流体系的深远意义

绿色物流是经济可持续发展的结果，对社会经济的发展和人类生活质量的提升有着重要的意义。随着绿色物流观念的深入和人们环保意识的增强，绿色甚至成为物流企业的物流战略，这种将供应链连接起来的有机绿色物流，赋予了物流新的活力和发展方向。绿色物流的本质集约化，也就是在物流体系中整合现有的资源，对资源进行优化配置，进而利用科技促进物流企业进行绿色发展。这种绿色发展模式，不仅对物流企业具有重要的意义，而且对整个社会都具有极其重要的意义，推动环保理念深入人心，节约社会资源成为物流风尚。

1. 绿色物流管理体系

绿色物流的诞生是建立在经济学一般原理基础上的，人们对经济效益最大化的追求，自然而然地落到了绿色物流上。进而，绿色物流又结合可持续发展理论、生态经济学理论、生态伦理学理论、外部成本内部化理论和物流绩效评估等，开始进一步具体化。绿色物流体系就是在绿色思维观念下对物流的重新定义，包含着绿色运输、绿色包装、绿色仓储、绿色流通加工等。

在绿色物流管理体系中，环保和节约资源是两个重要话题，在对物流体系进行改进，实现环保、节约资源的过程中，既要把握好正向环节的物流绿色化，也要注意逆向环节的绿色化。

我国的水路运输占有一定的比重，水路运输虽然属于较为环保的物流运输方式，但是因为运输货物的不同，水路运输也会对相应的港口或者航道产生一定的威胁。例如，在天津、大连、上海、宁波、广州等港口，先后设立了一批先进的油污水、生活污水、化学废水、垃圾接收处理等污染处理设施，大大提高了港口污染处理能力。每年港口接收处理的油污水有400余万t，回收污油3万多t。

2. 践行绿色物流的意义

绿色物流的出现，代表着人们对可持续发展的重视。绿色物流的实践，让物流能够以更好的姿态面对社会资源，这对改善社会环境、可持续发展有着重要的意义（详见表8-1）。

表8-1 践行绿色物流的意义

意　义	具体内容
绿色物流是经济全球化和可持续发展的必然要求	人类的生产生活和消费活动，导致了资源的急剧减少和环境污染的加剧。在经济全球化的过程中，物流发挥着必不可少的作用，绿色物流的应用，可以让世界的可持续发展之路走得更久
绿色物流是最大限度降低经营成本的必由之路	漫长的物流过程要花费很多的人力、物力、财力，而实行绿色物流缩减物流环节，可以有效地节约经营成本，还可以节约能源、减少污染物的产生，实现高效的物流体验
绿色物流有利于促进社会和谐发展	绿色物流的电子化、网络化、连锁化能够使物流活动更加便捷化。绿色物流随着人们生活水平的日益提高而诞生，其发展将能够更好地满足人们日益增长的物质文化需求

意　义	具体内容
绿色物流有利于企业取得新的竞争优势	环境问题的严峻，使得很多的环保法律法规应运而生，为了促进企业发展，改变危及企业生存发展的生产方式，建立并完善绿色物流体系，可以让企业在追求绿色物流的过程中获得新的竞争优势
绿色物流是适应国家法律法规要求的有效措施	绿色物流的初衷是让环境保持一个良好的状态，而为了环境的可持续发展和改善，一系列的法律法规相继确立，在这样的背景下，绿色物流顺势发展

　　绿色物流是人们在物流发展过程中对物流行业的新认识，这种新认识让物流的发展内涵更加丰富。绿色物流追求的循环可持续经济效益，不仅是对物流企业自身经营观念的转变，更是对整个社会资源的重新思考。发展绿色物流意义深远，物流行业在绿色物流思想的指导和推动下，会构建更加完善的绿色物流发展体系。

拓展阅读：智慧物流打造绿色物流

随着电商的兴起，人们对快递的消费需求逐渐增长，快递成为生活垃圾产生的一大源头。面对快递带来的垃圾危害，我们不得不对快递包装进行反思。

在国家邮政局联合十部委发布的《关于协同推进快递业绿色包装工作的指导意见》中将每年11月的第一周作为"绿色快递宣传周"，倡导绿色消费方式，普及绿色包装和回收知识，营造"绿色快递，人人有为"的良好氛围，推广使用中转箱、笼车等设备，进一步减少编织袋和胶袋的使用量，加快建立快递业包装治理体系。

就目前来说，我国电商物流在践行绿色物流方面存在三大瓶颈：包装标准滞后，回收循环利用难度大，公众的环保意识缺乏。快递业只是物流业的一方面，其面临的三大瓶颈都是亟须解决的问题。

我们再看整个物流行业，物流包装同样面临着瓶颈：包装标准滞后，回收循环利用难度大，公众的环保意识缺乏。

那么，如何让物流行业走向绿色物流发展之路呢？在这方面，人们想到了智慧物流。智慧物流本身是一个很抽象的概念，我们在这里先不过多解释，主要从一些真实案例上来认识智慧物流是怎样将智慧应用到物流中，实现物流的绿色化。

首先，政府作为先行者积极进行绿色物流方面的实践。例如，福建省积极投放绿色快递袋，对快递纸盒进行回收。而厦门市作为全球首个绿色物流城市，其结合城市发展规划，在做好顶层设计的同时积极推进绿色物流系统在城市的布局，为绿色物流的发展提供全方位的解决方案。

其次，就是物流平台联合快递行业进行的一些行动。这主要表现在：双方通过合作，积极推动可循环、可降解的快递包装；采用电子面单、智能路由等技术来推动快递包裹回收计划，打造绿色物流；在物流配送末端配置智能快件箱、再生资源回收箱，着重在物流的"最后一公里"打造物流包装材料回收产业链条。

再次，是利用"互联网+"进行的一些环保行动。这主要是一些基于不同产品的环保企业平台，如闲鱼（阿里巴巴旗下的一款二手物品交易网站）、转转（58集团孵化的专业二手交易平台）、回收宝等线上线下融合式的回收场景，全力为用户提供二手电子设备的回收服务体验。

最后，就是智慧供应。智慧供应着手方面很多，例如，物流的单元化和标准化，让物流在生产和仓储配送环节就实现绿色环保化，让物流的托盘和周转箱实现循环共用、共享；在仓库里使用更加节能环保的搬运、存储工具；在对商品进行分拣打包时，根据物品的外形使用智能打包器，提高纸箱的利用效率，减少包裹的回收难度……

在大数据、互联网时代，要想实现绿色物流，传统的绿色物流实践方式可能会出现不能全面解决问题的现状，所以就需要我们利用科技对物流进行改造，赋予物流技术含量，让其在进行物流活动中不仅要实现物流的意义，还要探索出更完善的、可行的、环保的、绿色的物流发展之路。

第九章

智慧物流：

智能高效的物流生态系统

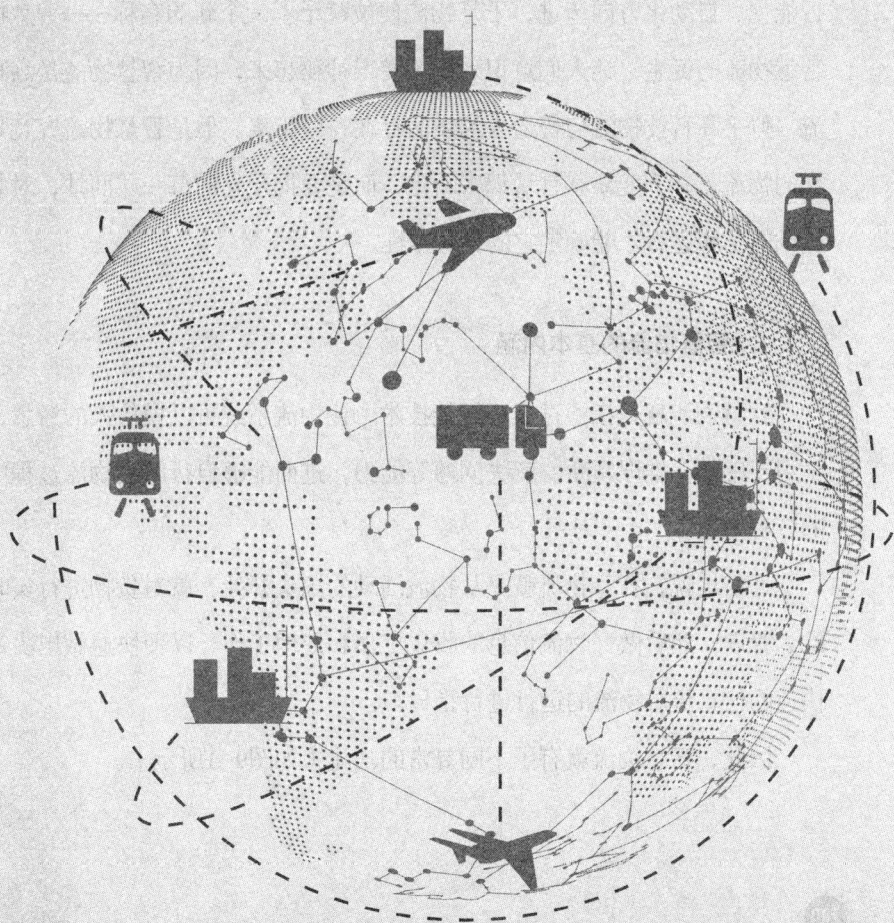

认识智慧物流

物联网技术在物流行业的应用，让物流改变了传统的运行模式，开始朝着智能化、自动化方向迈进，于是物流便被赋予了一个新的名称——智慧物流。智慧物流的诞生，让人们意识到物流变得神秘起来，因为智慧物流是高科技物流，似乎高科技物流与普通人的生活存在一段距离。但是智慧物流究竟是什么样的物流，并不能靠感官认识来断定，而是要揭开它的每一层面纱，对其进行透彻的了解之后才能确定它的真实本性。

1. 智慧物流的基本内涵

智慧物流就是指通过集成智能技术，让物流系统可以模仿人的智慧，具备学习、感知、推理判断、解决问题等能力，进而能够自行解决物流过程中出现的各种难题。

通俗地说，智慧物流就是从物流活动的源头开始，就对货物进行实时的跟踪、管理，然后做好物流信息的收集工作和处理工作，以便快速做出决策，用快速的信息流对物流的运行进行指导。

因此，智慧物流就有了不同寻常的功能（如图9-1所示）。

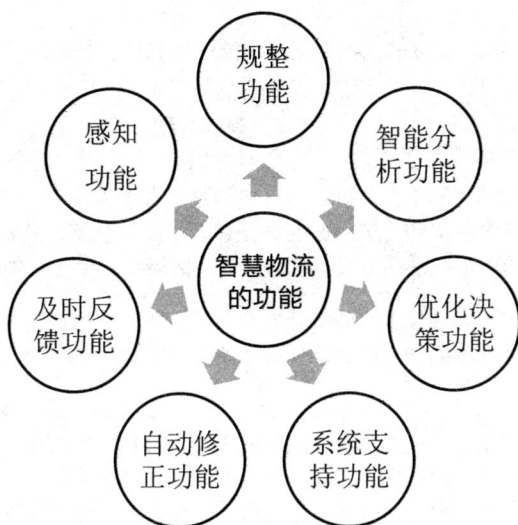

图9-1　智慧物流的功能

2. 智慧物流体系的架构

智慧物流体系的服务对象和服务范围会有所不同，因此，依据这些因素，可将智慧物流体系进行划分，也就是确定智慧物流体系是由哪些内容组成的。在这里，我们将智慧物流体系的架构分为三部分：企业智慧物流、行业智慧物流、区域或国家智慧物流。

（1）企业智慧物流。在该层面，要求企业引入最新的物流信息技术与物流信息系统，使物流活动的各个环节全都走向智能化，从而培育出一批信息化技术水平高，拥有较强示范作用和带动作用的物流企业。

（2）行业智慧物流。在该层面，要求在物流行业建立现代化的物流设施和机制，这些设施和机制主要包括智慧区域物流中心、区域智慧物流行业、预警与协调机制（详见表9-1）。

表9-1 行业智慧物流的设施和机制

设施和机制	具体表现
智慧区域物流中心	做好区域信息平台建设，以区域信息平台作为信息传输的中枢，将物流系统各个层次和各个方面的物流、商流、信息流，高效、准确地与相应的物流活动联系在一起，打造出智慧区域物流中心
区域智慧物流行业	引入各种先进技术，同时开发利用新技术，依靠先进的物流信息系统有效安排物流活动，以更加低成本的方式实现区域物流行业的智能自动化建设
预警与协调机制	物流企业要通过细致深入的研究工作，开拓、挖掘出自身的基础数据，并对这些基础数据进行统计分析，得出能够解决实际问题的必要信息，解决企业的相关问题，以此来构建更加完善的物流预警与协调机制

（3）区域或国家智慧物流。在该层面，要求在政府和政策的引导下，构建出一个可以交通同制、规划同网、铁路同轨、乘车同卡的物流支持平台，让这个区域或者国家的物流制度相协调、资源互补、需求放大等同化，最终实现经济的增长。

3. 智慧物流的实施

智慧物流是在社会对智能化物流的需求下诞生的。尽管智慧物流已经进入了实施阶段，但是智慧物流还面临一些困境：基础信息缺乏，不能满足智能化建设需求；智慧物流的功能还不能完全确定，因而其市场需求还不能完全掌握；传统的物流企业发展层次较低，难以实现智慧化跨越；智慧物流起步较晚，物流的智能化过程缺乏必要的人才。

所以实施智慧物流，一定要解决好基础问题（如图9-2所示）。

图9-2 智慧物流的实施基础

在明晰智慧物流的实施基础之后，智慧物流的主要运营方——第三方物流企业、物流园区、大型制造企业，就需要建立智慧物流实施系统。智慧物流系统的实施需要一定的步骤，只有按照科学有效的步骤建立的、具备各项能力的智慧物流系统，才是有效可行的智慧物流系统（如图9-3所示）。

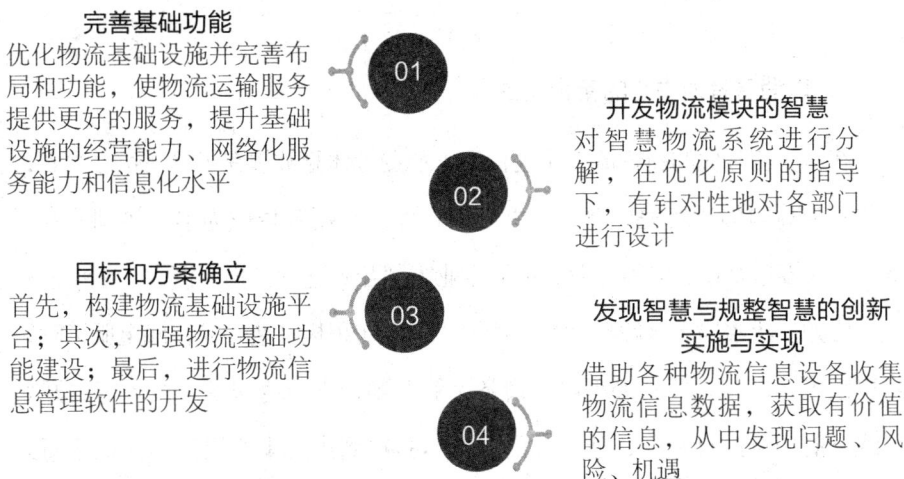

完善基础功能
优化物流基础设施并完善布局和功能，使物流运输服务提供更好的服务，提升基础设施的经营能力、网络化服务能力和信息化水平

01

开发物流模块的智慧
对智慧物流系统进行分解，在优化原则的指导下，有针对性地对各部门进行设计

02

目标和方案确立
首先，构建物流基础设施平台；其次，加强物流基础功能建设；最后，进行物流信息管理软件的开发

03

发现智慧与规整智慧的创新实施与实现
借助各种物流信息设备收集物流信息数据，获取有价值的信息，从中发现问题、风险、机遇

04

图9-3 智慧物流系统的实施步骤

以智慧物流为代表的物流新面貌

所谓以智慧物流为代表的物流新面貌，关注的就是在数字化驱动下，以消费者体验为中心的新零售。在新零售时代，商业模式开始转变，供应链进入革新状态，物流数字化。数字化驱动，就是在新零售的供应链中引入大数据、云计算、物联网等技术，使得客户数据进入产品的研发设计、生产制造、营销推广、物流配送等诸多环节，进行相关决策的支撑与支持。以消费者体验为中心，就是在物流服务的实施过程中，以个性化的定制物流服务来满足消费者的精神体验和情感需求。

1. 以消费者为中心的新物流生态

在新零售时代的新物流实施过程中，消费者体验被排在了第一位。当然，这种物流体验的最终完成离不开供应链管理。在新零售成为消费热潮的刺激下，各大零售企业、电商企业、物流企业等都开始进行新物流探索。

比如，沃尔玛、永辉超市等实体零售商，在积极打造、完善线上服务时，阿里巴巴、京东、亚马逊等电子商务企业，则依据自身资源、技术等，开始与线下的门店进行合作，让客户的服务体验得到进一步的提升。而很多新兴的生鲜超市则将零售效率提到了一个更高的程度，打造了端到端的物流服务体验。

这些企业都是根据自身的行业特点进行新物流的试验，虽然在某一个方面来说是比较完美的，但是对于整个供应链来说，这些物流企业的举动还是太局限，不能将供应链很好地串联起来。所以完善供应链建设还需要一段路要走，在探索新零售的过程中，加快新物流的实现（如图9-4所示）。

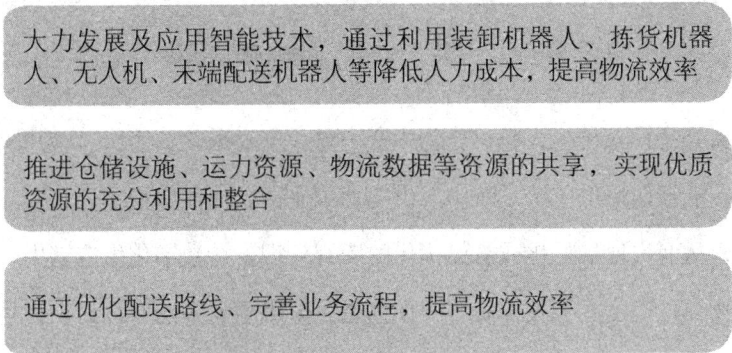

大力发展及应用智能技术，通过利用装卸机器人、拣货机器人、无人机、末端配送机器人等降低人力成本，提高物流效率

推进仓储设施、运力资源、物流数据等资源的共享，实现优质资源的充分利用和整合

通过优化配送路线、完善业务流程，提高物流效率

图9-4 探索新零售的关注点

2. 数字化物流促进新零售供应链的升级

在新零售时代，传统的以企业为中心的B2C模式遭到淘汰，而消费者直接对接工厂的C2M模式开始兴起。在这种物流新格局下，消费者体验成为至关重要的因素。就物流服务的"最后一公里"问题来说，物流企业和商家要想牢牢抓住消费者，就必须在这"最后一公里"的配送环节下功夫。于是，在新零售模式中，店仓一体化、社区仓/微仓、众包物流、快递自提点、智能快递柜开始成为"最后一公里"问题的解决策略（如图9-5所示）。

店仓一体化	社区仓/微仓	众包物流	快递自提点	智能快递柜
将门店设置成集商品展示、仓储、分拣、配送等多功能的一体化超级门店	将仓储设置在离消费者最近的社区，让消费者在线下单后可以快速低成本地获得商品	物流系统根据配送距离分配自由快递员进行包裹配送	利用数据技术，选择配送需求集中的区域设置自提点	在各地设置智能快递柜进行包裹的进柜暂存，然后由客户自提

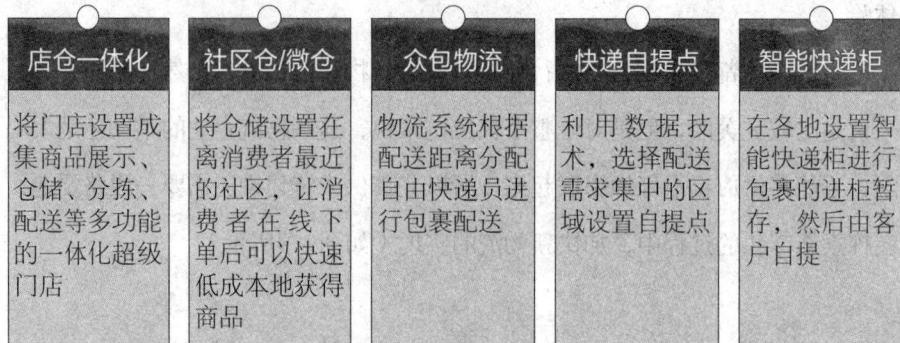

图9-5 "最后一公里"问题的解决策略

在新零售模式中，大数据作为中坚力量，其对采购、生产、客户需求的精准预测，能够保证供应链系统中的供需达到平衡，使供应链库存管理的效率大幅提高，从而实现最低化或者最优化的库存管理。在数字化供应链中，企业将会以货物交付速度、相关售后服务作为重点来吸引更多的客户，扩大物流服务的规模，进而实现规模经济效益。

哈雷戴维森摩托车，作为摩托车界的知名品牌，它能够为客户提供1200种产品的定制方案。为了简化企业的生产环节，释放企业的生产活力，实现大规模化生产，哈雷戴维森还引入了数字化制造系统来对公司进行转型升级的改造。在自动化制造工艺的帮助下，一辆摩托车的生产耗时由原来的21天变为6个小时。在数字化技术的帮助下，对库存管理进行革新，缩减厂房数量，明确厂房作用，提高了物流生产效率，而且工厂的布局更加合理化，释放了大量空间，便于企业之后的发展建设需要。此外，哈雷戴维森还引入了物联网技术，采用信息化管理方法，解除了众多的劳动力捆绑，使得人力成本大幅降低。

3. 传统物流企业在新零售环境下的转型

在新零售环境下，传统物流服务商面临着转型问题。传统物流企业如何实现转型，如何在新的经济环境中谋求更长远的发展，需要结合当下的实际情况对传统物流企业进行改革。

当下，共享经济成为物流的潮流，在共享潮流下，利用共享模式，让物流运行过程中各个环节可以在共享资源的帮助下顺利进行。这些共享资源可以是车位、仓库、物流运输设施设备等。在共享模式下，物流企业少付资金就可以进行物流活动，这会使物流企业的成本得到很好的控制，帮助这些传统物流企业缩减运营的成本。

当然，这种共享模式下的成本削减只能算是传统物流企业转型的第一步，要想让这些传统物流企业在新零售时代有更好的发展，还需要进行供应链方面的管理。利用供应链管理，可以加快物流效率，促进货物的流通，进而提高客户的物流体验，让物流企业在新的物流模式中得以生存发展。

智慧物流的新助手——物流机器人

智能机器人在物流行业的应用，使得物流运作过程产生了新的变化。这些史无前例的变化，让物流开启了不一样的实现路径。这些变化主要表现为：实现物流订单的实时确认，物流运作过程中的错误和逆向物流减少，物流中出现了更多的预防性和维护性措施，物流劳动力的负担大幅减轻，不同运输方式之间的延迟现象减少，实时交货开始运行，信息处理能力增强。

1. 物流机器人对物流模式的颠覆

在物流领域，智能机器人的应用解决了物流运作过程中的很多问题。尤其是在与大众生活极为密切的快递领域，智能化快递网使快递行业获得了新的发展动力。无人机送货、地面机器人进行配送、自动驾驶机器人进行配送等开始进入物流的配送环节。

智能机器人的广阔前景，吸引了很多物流公司开始进行物流机器人的布局，物流机器人成为物流行业的又一新战略。

科捷物流是能够为制造、电子商务、医疗、服装、快递等行业提供一站式物流解决方案的科技企业，其在自动化物流领域也开始进行自己的布局。科捷推出了高速交叉带分拣系统，能够有效地对车间流水线上的货物进行扫描和分拣，再通过专业的运输车将分类的货物运送到各个出口进行后续的装货配送。科捷物流为了实现快递行业的自动分拣，以及物流行业的"最后一公里"配送问题，利用智慧物流体系，让工厂的流水线生产与后续的环节相结合，采用智能机器人进行高效、精准的货物配送。

2. 仓储机器人实现智能化仓储

仓储机器人的使用，使物流仓储进入了一个新的发展空间。在智能机器人的帮助下，仓储实现自动化。

（1）自动化立体仓库：能够有效降低对土地资源的浪费，提高物流仓储效率，避免库存积压等仓储问题的出现。

（2）码垛机器人：提高物流装卸、搬运和仓储的效率，使物流运行过程更为稳定、灵活，便于各项物流操作成本的控制。

（3）分拣抓取机器人：通过智能识别技术及多功能的机械抓手，高效、精准地对物品进行识别、抓取、分拣。

在仓储环节应用智能机器人进行相关的作业活动，这对物流仓储来说是一个非常好的机遇和发展契机，特别是AGV（自动化导向车）搬运机器人的应用，让物流仓储成本开始降低、智能化水平开始提升。AGV机器人的应用也是大环境催生的结果。

在劳动力老龄化、国外资本投资增加、供应链全渠道的需求下，物流仓储机器人开始在仓储中大规模地应用。智能化的仓储，将人从物流的运作线条中解放出来，专业的码垛堆放技术让仓储空间的利用效率增加，而且在这种智能化物流操作中，可以利用智能机器人及时地收集信息，为物流决策提供必要的支持。

日本日立企业的机器人开发计划是，让机器人自动完成装卸及搬运货物工作，利用两条灵活的机器臂快速高效地抓取不同形状、不同尺寸和不同重量的货物，然后利用自身的升降台对货物进行搬运。该款机器人到达货架的时候，可以根据货架的高度自动调整升降台的高度，利用机械臂上的识别设备对货物进行识别，再用合适的力度完成货物的放置或者获取。

3. 智慧物流下的无人机物流

无人机在物流领域的应用较为普遍，但是无人机物流也会受实际情况的限制。比如在我国，因为地空空域限制、住房密集，所以无人机无法直接进行货物的配送。但是我国在无人机物流方面的实践测验一直在继续着。

顺丰一直走在无人机研究测试的最前沿。顺丰自主研发的八旋翼无人机，下设载物区，可在100米左右的高度进行飞行。此外，无人机还配备了导航系统，工作人员只需要依据订单的分布划定相关的路线，远程操控就可以让无人机进行货物的运送。虽然顺丰的无人机货物运送测试取得了成功，但是，由于目前无人机在物流领域的投入成本过高，运行过程中也存在一些不可控因素，因此，顺丰的物流无人机暂时无法推广使用。

德国、澳大利亚的物流无人机在本国区域内或者他国区域内实现了推广应用。

德国敦豪（DHL）集团的无人机物流进入其他国家的物流服务领域，因为在德国受一些条件的限制，暂时还无法进行应用。而在澳大利亚，2014年就开启了无人机物流，澳大利亚的Flirtey公司，给无人机配备了激光测距和声呐系统来识别障碍物，为客户进行货物配送服务。

大数据与物联网共建智慧物流生态系统

在物流发展的过程中，大数据智能技术的引进，物联网的普及，使得物流被智能技术完全掌控。在智能化的大环境下，物流管理工作变得更加高效、智能化。智能技术为物流设计了新的运行轨迹，在物联网的数码体系下，智慧物流生态系统让物流的发展活力倍增，也让物流以一种新的姿态迎接智能信息时代的到来。在这种智慧物流生态系统中，物流管理开始精细化、动态化。

1．大数据对物流模式的重构

大数据让物流进入信息化，这种智慧的信息化，不仅使物流相关活动实现了信息化，更使这些物流活动实现了智能化。信息开始成为物流企业的资产，利用大数据技术对这些信息进行分析，可以将物流行业的物流信息优势发挥到极致（如图9-6所示）。

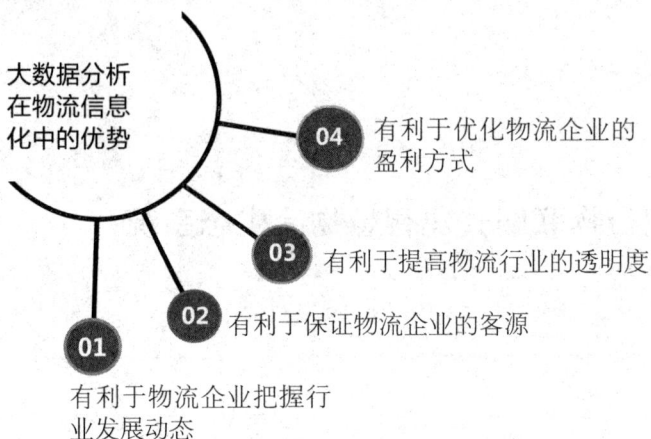

图9-6　大数据分析在物流信息中的优势

图中文字：

大数据分析在物流信息化中的优势

01　有利于物流企业把握行业发展动态

02　有利于保证物流企业的客源

03　有利于提高物流行业的透明度

04　有利于优化物流企业的盈利方式

基于大数据技术建设物流信息化，可以实现配送方案的信息化，让物流供应链实现信息化，进而提供个性化的物流信息服务，真正地实现物流管理信息化。

在大数据构建的智能化物流管理模式中，物流企业能够提高其对外部政治、经济、技术等环境的适应能力，也能提高其物流管理的透明度和战略决策的制定水平。这种智能化的管理结果就是车货匹配的能力进一步提升，运输线路进一步优化，库存管理实现可预测管理。大数据智能化将供应链管理进一步优化，供应链管理的新走向就是利用大数据智能技术构建更融洽的供应链各方关系，使物流的各个环节有序、高效地为客户提供服务。

2. 物联网与物流的融合发展

物联网就是利用感应技术、定位技术、识别技术、扫描技术、传感技术等各种现代化技术，建立一种智能化交通通道，使物与物之间的隔离消失，实现物与物的互联互通。

物联网逐渐在一些零售巨头的业务中普及，像沃尔玛、亚马逊等集成了自动识别、RFID、GPS、大数据等先进技术，建立了以智能化、数字化、柔性化、自动化、信息化等为特征的物流系统。到目前为止，智能物联网技术已经成熟应用于物流业的部分领域（如图9-7所示）。

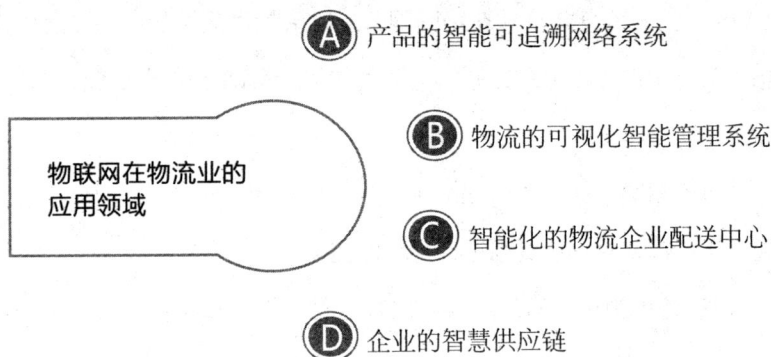

图9-7　物联网在物流业的应用领域

在接下来的发展中，物联网技术将继续进行它在物流领域的布局（详见表9-2）。

表9-2　物联网技术在物流领域的布局

布　局	具体内容
智慧供应链与智慧生产融合	传感技术和识别技术的应用会将物与物之间的联系变得更加紧密，在这种环境里，采购、生产、销售将会实现互联互通，智慧生产将成为可能
智慧物流网络开放共享，进军社会物联网	物流行业在智能技术的驱使下，物流信息共享能力将会实现突破，物流服务的售后服务维权、产品质量管控等将会逐步向物流靠拢，使得物流的牵涉范围进一步扩展，融入社会
多种物联网技术集合应用于智慧物流	随着技术的突破，传感技术、蓝牙技术等将会进行集成，综合的智能信息技术将会服务于物流的各个方面，让物流成为真正的智慧物流

3. 物联网环境下的智慧物流

物联网环境下的智慧物流，就是依据物联网技术进行物流供应链的管理，形成一条智能化的物流供应管理。智能化物流供应链管理的目标就是同步化的信息共享、管理过程优化、供应链可视化、网络无缝化。

（1）同步化的信息共享。在物联网智能物流的供应过程中，要对供应链上的信息从头至尾地进行追踪，并将追踪到的信息准确无误地实时传输给供应链中的企业。

（2）管理过程优化。对供应链中的各元素进行物对物的管理，让物与物之间实现直接传输，对物流资源进行实时监控。

（3）供应链可视化。对供应链中的物进行标识，根据标识所传递的信息对物进行有效的识别，进而实现物流信息的共享和公开透明化管理。

（4）网络无缝化。让物流网络、客户网络、需求网络、资源网络等共同集合融入供应网络中，形成一条智慧的供应链网络，进而根据全面的信息就能够为客户提供个性化的服务。

智慧物流构建智慧物流园区服务系统

所谓智慧物流园区服务系统，就是根据智慧物流的思想，对物流园区进行新的设计，使其能够满足智慧物流所需要的各种条件。在物流园区，围绕着智慧物流这一主题，管理人员可以结合大数据背景，利用物联网技术、云计算技术，对物流园区的信息进行收集、处理、分析，并根据得到的信息进行相关的物流决策，对物流活动进行新的布局；也可以利用这些现有的信息，寻找到可以挖掘更多物流信息的信息源。这一系列的物流信息操作，为物流企业的发展提供了一条便捷之路，让其可以享受全方位的物流服务。

1. 智慧物流园区服务系统的构建基础

智慧物流园区服务系统的构建，是以现代化的先进信息技术为基础，这些信息技术就是我们融入智慧物流当中的大数据技术、物联网技术、云计算技术、人工智能技术、移动互联技术等。这些信息技术的使用，让物流园区进入了一种信息化状态（如图9-8所示）。

园区管理信息化
管理水平的信息化提升能够让物流园区高效、稳定地运转

客户管理信息化
对物流园区内客户的订单、货物、财务结算等商业信息进行有效的掌握

交易管理信息化
对入驻物流园区的物流企业、客户的供需信息、交易信息进行数据化，并利用数据对社会资源进行整合

物流园区
信息化的
表现

物流企业信息化
对物流园区内的企业的运输、仓储、包装等环节进行信息化管理

图9-8　物流园区信息化的表现

物流园区是涵盖生产、加工、运输、仓储、销售、配送等诸多环节的一个系统，而且这个系统包含了诸多物流企业的物流链条，所以在物流园区这个庞大的物流系统中，蕴藏着繁密的物流链条。这些物流链条所对应的相关物流活动最后都会被信息化。在物流园区完善的信息化服务系统中，这些信息化的物流活动又被妥善地安排和处理，让各类物流链条都可以顺畅地进行相关物流活动。信息化的物流园区是一个智慧的物流服务系统。

2. 智慧物流园区的大数据服务系统

智慧物流园区的信息服务系统，主要依靠相关的大数据服务系统的支持来进行物流服务，这些大数据服务系统主要有数据采集与存储子系统、数据组合子系统、预测分析子系统、智能商务子系统、运营分析子系统、统计分析子系统，它们的作用（详见表9-3）。

表9-3　智慧物流园区大数据服务系统的作用

大数据服务系统	作　用
数据采集与存储子系统	综合运用数据采集技术、计算机技术、传感技术和信号处理技术，对商品信息数据、交易数据、客户数据进行实时采集、过滤和存储
数据组合子系统	结合用户的实际需求，对相关商品数据、交易数据使用服务组合的方式创建出新的数据，进而让单一数据通过组合来满足用户的多元化需求
预测分析子系统	将特定企业的相关历史业务数据，用现代预测方法和技术进行统计分析，得出数据对应业务的发展趋势，为业务的后续管理提供参考信息
智能商务子系统	运用现代数据分析方法和技术对物流园区服务业务的基础数据进行处理，设计智能子系统，并对服务数据进行挖掘、查询、多维分析，以为物流业务的决策提供参考
运营分析子系统	将物流园区的基本信息和销售信息进行整理，结合GIS等技术，设计构建可视化物流园区信息、商务信息的决策支持系统
统计分析子系统	结合相关的统计、分析、查询结果，依据自动化指标与报表信息对物流业务的运营质量、业务风险、管理水平进行全面的分析，进而为管理人员生成智能化决策数据

3. 智慧物流园区服务系统的选择

　　智慧物流园区服务系统是为物流园区提供全方位物流服务的系统，它最终会表现为一个完美的、综合的信息服务平台。在物流园区服务系统的设计中，对关键信息技术的采用是首要任务。在设计智慧物流园区服务系统的过程中，会运用到系统集成技术、系统接口技术、平台架构技术、大数据技术、云计算技术、物联网技术、移动互联网技术、人工智能技术、信息共享技术、平台安全技术。

　　这样一个集成了众多高科技的智慧物流园区服务系统，它的构建任务是相

当繁重的。在建设智慧物流园区的过程中，我们可以利用技术进行相关的系统开发设计，当然也可以选择现成的强大服务系统来实现智慧化。

（1）阿里云服务。阿里云服务系统是阿里巴巴集团旗下的阿里云计算有限公司打造的公共、开放的云计算服务平台。该云服务平台在全国有200多个内容分发网络系统。阿里云提供的服务包括底层技术平台、弹性计算、数据库、存储与内容分发网络、网络的均衡负载、大规模计算、云盾、管理与控制等。

（2）百度云服务。百度云服务系统是百度提供的云服务平台，该系统包括40余款云服务产品，天算、天工、天象三大服务平台为其提供智能大数据、智能多媒体、智能物联网服务。百度云服务能够为社会各个行业提供安全、高性能、智能的计算和数据处理服务，在它众多的服务体系中，计算与网络、存储与CDN、数据库、安全与管理、大数据分析、数字营销云、智能多媒体服务、物联网服务、人工智能服务等都包含在内。而且大数据技术是百度云服务的强项，它可以根据用户的需求，利用多种数据处理技术对数据进行分析处理，得出不同的报表，帮助用户做决策。百度云服务也有顶尖的人工智能技术，对文本、语音、图像等的智能化处理，百度云都处于领先地位。

在建设物流园区服务系统的过程中，利用这些强大的云服务系统可以实现智慧物流园区建设、智慧物流供应链管理，高科技云服务系统是智慧物流发展过程中的重要选择。

拓展阅读：智慧快递构建高效的配送体系

凭借着互联网技术，快递行业已经发生了巨大的变化。快递行业已经利用一些信息平台，实现了快递运作过程的实时查询、追踪。而且这些快递信息平台的出现，也让快递寄送更加便捷化，网上下单、上门取件等极大地方便了人们的生活。

不过，要想让快递行业物尽其美，彻底改善，还有一定的距离。

首先，快递的交接验收常会发生一些"潜规则"，比如，快递员为了逃避部分责任，会在签收环节进行先签字后验收的操作，这种行为对消费者的利益构成了威胁，并不能完全提升消费者的物流服务体验。

其次，物流快递市场的进入门槛极低，吸引着很多民营物流企业进入。但是部分民营物流企业的快递人员的素质不高，服务意识淡薄，使得最终的物流服务达不到规定的要求，给消费者带来了诸多不便。

最后，民营快递公司的管理水平及品牌建设往往靠后，一些快递公司的信息化体系建设不够健全，或者分拣装置及配送车辆的配置不达标，这些都使得快递公司的运营最终达不到行业所要求的标准，以致难以满足消费者的实际需求。

所以，在互联网时代的背景下，尽快完善快递行业的运营，是让快递行业实现智慧化的基础。

在智慧快递中，"智慧"指的是自动化、信息化、智能化、网络化。所以智慧快递就是借助自动化技术、信息技术、智能技术、网络技术，使得快递可以被这些技术所感知、识别、调整、记录，然后还可以被分析、决策。所以，在大数据、云计算、物联网这样的背景下，智慧快递应该是具备以下特征的快递。

（1）智慧的各方参与者。快递是各方参与者来主导和发展的，这些人员有管理人员、分拣工、配送人员，还有投件人、收件人、银行方、信息与支付平台方、保险方等。在智慧快递的要求下，这些参与者都会在信息平台的联系下联结在一起，依据大数据、云计算、数据模型等进行相关的分析与决策。智慧快递使人的行为与包裹的状态成为可视化信息，各方利用信息就能实现相关的快递服务需求。

（2）智慧化的资金结算服务。智慧快递会通过对用户的消费行为和消费规律进行分析，为用户提供更加便捷的结算服务。

（3）智慧化的货物管理。在智慧快递环境下，快递企业会利用大数据等信息技术来对货物信息进行收集，然后再利用电子标签等对货物进行标记，进而实现货物的识别、追踪、定位等需求。

（4）智慧化的设施设备。物流设施设备在智慧快递的诉求下会具有数据感知与互联、发现规律、行为决策、自动化执行等功能。

（5）智慧化的信息技术。智慧快递的智慧信息技术主要有位移、压力、速度、温度等信息的自动识别与采集技术，以互联网、物联网等为主的信息传递技术，以云储存和数据库技术为代表的信息存储技术，大数据、云计算、人工智能等信息加工和应用技术。

所以，智慧快递的实现，就是要在参与人、资金结算、货物管理、设施设备优化、信息技术应用的推动下，不断地摸索智慧化发展路径，提高快递效率，提升快递服务质量，使快递行业进入新的发展道路。

附 录
APPENDIX

物流术语

1. 物流基础术语

（1）物品、货物

经济与社会活动中实体流动的物质资料。

（2）物流

物品从供应地向接收地的实体流动过程。根据实际需要，将运输、储存、装卸、搬运、包装、流通加工、配送、信息处理等基本功能实施有机结合。

（3）物流活动

物流过程中的运输、储存、装卸、搬运、包装、流通加工、配送等功能的具体运作。

（4）物流管理

为达到既定的目标，对物流全过程进行计划、组织、协调与控制。

（5）供应链

在生产及流通过程中，涉及将产品或服务提供给最终用户所形成的网链结构。

（6）供应链管理

对供应链涉及的全部活动进行计划、组织、协调与控制。

（7）物流服务

为满足客户需求所实施的一系列物流活动过程及其产生的结果。

（8）一体化物流服务

根据客户需求所提供的多功能、全过程的物流服务。

（9）第三方物流

独立于供需双方，为客户提供专项或全面的物流系统设计或系统运营的物流服务模式。

（10）物流设施

具备物流相关功能和提供物流服务的场所。

（11）物流中心

从事物流活动且具有完善物流信息网络的场所或组织。应基本符合下列要求：

① 主要面向社会提供公共物流服务；

② 物流功能健全；

③ 集聚辐射范围大；

④ 存储、吞吐能力强；

⑤ 向下游配送中心客户提供物流服务。

（12）区域物流中心

全国物流网络上的节点。以大中型城市为依托，服务于区域经济发展需要，将区域内外的物品从供应地向接收地进行物流活动且具有完善信息网络的场所或组织。

（13）配送

在经济合理区域范围内，根据客户要求，对物品进行拣选、加工、包装、分割、组配等作业，并按时送达指定地点的物流活动。

（14）配送中心

从事配送业务且具有完善信息网络的场所或组织。应基本符合下列要求：

① 主要为特定客户或末端客户提供服务；

② 配送功能健全；

③ 辐射范围小；

④ 提供高频率、小批量、多批次配送服务。

（15）物流园区

为了实现物流设施集约化和物流运作共同化，或者出于城市物流设施空间布局合理化的目的，而在城市周边等各区域集中建设的物流设施群与众多物流业者在地域上的物流集结地。

（16）物流企业

从事物流基本功能范围内的物流业务设计及系统运作，具有与自身业务相适应的信息管理系统，实行独立核算、独立承担民事责任的经济组织。

（17）物流企业责任保险

在物流业务中，物流企业为弥补开展物流业务带来的风险而投保的责任保险。

（18）物流合同

物流企业与客户之间达成的物流服务协议。

（19）物流模数

物流设施与设备的尺寸标准。

（20）物流技术

物流活动中所采用的自然科学与社会科学方面的理论、方法，以及设施、

设备、装置与工艺的总称。

（21）物流成本

物流活动中所消耗的物化劳动和活劳动的货币表现。

（22）物流网络

物流活动过程中相互联系的组织、设施与信息的集合。

（23）物流信息

反映物流各种活动内容的知识、资料、图像、数据、文件的总称。

（24）物流联盟

两个或者两个以上的经济组织为实现特定的物流目标而采取的长期联合与合作。

（25）企业物流

生产和流通企业围绕其经营活动所发生的物流活动。

（26）供应物流

提供原材料、零部件或其他物料时所发生的物流活动。

（27）生产物流

企业生产过程中发生的涉及原材料、在制品、半成品、产成品等所进行的物流活动。

（28）销售物流

企业在出售商品过程中所发生的物流活动。

（29）军事物流

用于满足平时、战时军事行动物资需求的物流活动。

（30）国际物流

跨越不同国家（地区）之间的物流活动。

（31）精益物流

消除物流过程中的无效和不增值作业，用尽量少的投入满足客户需求，实现客户的最大价值，并获得高效率、高效益的物流。

（32）逆向物流、反向物流

物品从供应链下游向上游的运动所引发的物流活动。

（33）废弃物物流

根据实际需要，将经济活动或人民生活中失去原有使用价值的物品进行收集、分类、加工、包装、搬运、储存等，并分送到专门处理场所的物流活动。

（34）军事物流一体化

对军队物流与地方物流进行有效的动员和整合，实现军地物流的高度统一、相互融合和协调发展。

（35）全资产可见性

实时掌控供应链上人员、物资、装备的位置、数量和状况等信息的能力。

（36）配送式保障

在军事物资全资产可见性的基础上，根据精确预测的部队用户需求，采取从军事物资供应起点直达部队用户的供应方法，通过灵活调配物资资源，在需要的时间和地点将军事物资主动配送给作战部队。

（37）应急物流

已针对可能出现的突发事件做好预案，并在事件发生时能够迅速付诸实施的物流活动。

2. 物流管理术语

（1）仓库布局

在一定区域或库区内，对仓库的数量、规模、地理位置和仓库设施、道路

等各要素进行科学规划和总体设计。

（2）ABC分类法

将库存物品按照设定的分类标准和要求分为特别重要的库存（A类）、一般重要的库存（B类）和不重要的库存（C类）三个等级。然后针对不同等级分别进行控制的管理方法。

（3）安全库存、保险库存

用于应对不确定性因素（如大量突发性订货、交货期突然延期等）而准备的缓冲库存。

（4）仓储管理

对仓储设施布局和设计以及仓储作业所进行的计划、组织、协调与控制。

（5）存货管理

在保障供应的前提下，使库存物品的数量合理进行的有效管理的技术经济措施。

（6）供应商管理库存

按照双方达成的协议，由供应链的上游企业根据下游企业的物料需求计划、销售信息和库存量，主动对下游企业的库存进行管理和控制的库存管理方式。

（7）联合库存管理

供应链成员企业共同制订库存计划，并实施库存控制的供应链库存管理方式。

（8）定量订货制

当库存量下降到预定的库存数量（订货点）时，立即按经济订货批量进行订货的一种库存管理方式。

（9）定期订货制

按预先确定的订货间隔期进行订货的一种库存管理方式。

（10）经济订货批量

通过平衡采购进货成本和保管仓储成本核算，以实现总库存成本最低的最佳订货量。

（11）连续补货计划

利用及时、准确的销售时点信息确定已销售的商品数量，根据零售商或批发商的库存信息和预先规定的库存补充程序确定发货补充数量和配送时间的计划方法。

（12）物流成本管理

对物流活动发生的相关费用进行的计划、协调与控制。

（13）物流战略管理

通过物流战略设计、战略实施、战略评价与控制等环节，调节物流资源、组织结构等最终实现物流系统宗旨和战略目标的一系列动态过程的总和。

（14）供应商关系管理

一种致力丁实现与供应商建立和维持长久、紧密的合作伙伴关系，旨在改善企业与供应商之间关系的管理模式。

（15）客户关系管理

一种致力于实现与客户建立和维持长久、紧密的合作伙伴关系，旨在改善企业与客户之间关系的管理模式。

（16）准时制物流

与准时制管理模式相适应的物流管理方式。

（17）有效客户反应

以满足顾客要求和最大限度降低物流过程费用为原则，能及时做出准确反应，使提供的物品供应或服务流程最佳化的一种供应链管理策略。

（18）快速反应

供应链成员企业之间建立战略合作伙伴关系，利用电子数据交换等信息技术进行信息交换与信息共享，用高频率、小批量的配送方式补货，以实现缩短交货周期，减少库存，提高顾客服务水平和企业竞争力为目的的一种供应链管理策略。

（19）物料需求计划

制造企业内的物料计划管理模式。根据产品结构各层次物品的从属和数量关系，以每个物品为计划对象，以完工日期为时间基准倒排计划，按提前期长短区别各个物品下达计划时间先后顺序的管理方法。

（20）制造资源计划

在物料需求计划的基础上，增加营销、财务和采购功能，对企业制造资源和生产经营各环节实行合理有效的计划、组织、协调与控制，达到既能连续均衡生产，又能最大限度地降低各种物品的库存量，进而提高企业经济效益的管理方法。

（21）配送需求计划

一种既能保证有效地满足市场需求，又能使物流资源配置费用最省的计划方法，是物料需求计划原理与方法在物品配送中的应用。

（22）配送资源计划

在配送需求计划的基础上提高配送各环节的物流能力，达到系统优化运行目的的企业内物品配送计划管理方法。

（23）企业资源计划

在制造资源计划的基础上，通过前馈的物流和反馈的信息流、资金流，把客户需求和企业内部的生产经营活动以及供应商的资源整合在一起，体现完全按用户需求进行经营管理的一种全新的管理方法。

（24）物流资源计划

以物流为手段，打破生产与流通界限，集成制造资源计划、能力资源计划、配送资源计划以及功能计划而形成的资源优化配置方法。

（25）协同计划、预测与补货

应用信息处理技术和模型技术覆盖整个供应链，通过共同管理业务过程和共享信息来改善零售商与供应商之间的协调性，提高预测精度，最终达到提高供应链效率、减少库存和提高客户满意度的供应链库存管理策略。

（26）物流外包

企业将其部分或全部物流业务交由合作企业完成的物流运作模式。

（27）延迟策略

为了降低供应链的整体风险，有效地满足客户个性化的需求，将最后的生产环节推迟到客户提供订单以后进行的一种经营策略。

（28）物流流程重组

从顾客需求出发，通过物流活动各要素的有机组合，对物流管理和作业流程进行优化设计。

（29）物流总成本分析

判断物流各环节中系统变量之间的关系，在特定的客户服务水平下促使物流总成本最小化的物流管理方法。

（30）物流作业成本法

以特定物流活动成本为核算对象，通过成本动因来确认和计算作业量，进而以作业量为基础分配间接费用的物流成本管理方法。

（31）效益背反

一种物流活动的高成本会因另一种物流活动成本的降低或效益的提高而抵消的相互作用关系。

（32）社会物流总额

一定时期内，社会物流的物品价值总额。即进入社会物流领域的农产品、

工业品、再生资源品、进口物品、单位（组织）与居民物品价值额的总和。

（33）社会物流总费用

一定时期内，国民经济各方面用于社会物流活动的各项费用支出。包括支付给社会物流活动各环节的费用、应承担的物品在社会物流期间发生的损耗、社会物流活动中因资金占用而应承担的利息支出和发生的管理费用等。

3. 国际物流术语

（1）国际多式联运

按照多式联运合同，以至少两种不同的运输方式，由多式联运经营人将货物从一国境内的接管地点运至另一国境内的指定交付地点的货物运输方式。

（2）国际航空货物运输

货物的出发地、约定的经停地和目的地之一不在同一国境内的航空运输。

（3）国际铁路联运

使用一份统一的国际铁路联运票据，由跨国铁路承运人办理两国或两国以上铁路的全程运输，并承担运输责任的一种连贯运输方式。

（4）班轮运输

在固定航线上，以既定的港口顺序，按照事先公布的船期表航行的水上运输经营方式。

（5）租船运输

船舶出租人把船舶租给承租人，根据租船合同的规定或承租人的安排来运输货物的运输方式。

（6）大陆桥运输

将横贯大陆的铁路或公路作为中间桥梁，将大陆两端的海洋运输连接起来的连贯运输方式。

（7）转关运输

进出口货物在海关的监管下，从一个海关运至另一个海关办理海关手续的行为。

（8）报关

进出境运输工具的负责人、进出境货物的所有人、进出口货物的收发货人或其他代理人向海关办理运输工具、货物、物品进出境手续的全过程。

（9）保税货物

经海关批准未办理纳税手续进境，在境内储存、加工、装配后复运出境的货物。

（10）海关监管货物

进出口货物自入境起到办结海关手续止，出口货物自向海关申报起到出境止，过境、转运和通运货物自入境起到出境止，应当接受海关监管。

（11）通运货物

由境外启运，经船舶或航空器载运入境后，仍由原载运工具继续运往境外的货物。

（12）转口货物

由境外启运，到我国境内设关地点换装运输工具后，不通过我国境内陆路运输，再继续运往境外的货物。

（13）过境货物

由境外启运，通过境内的陆路运输继续运往境外的货物。

（14）到货价格

货物交付时点的现行市价。其中含包装费、保险费、运送费等。

（15）出口退税

国家实行的由国内税务机关退还出口商品国内税的措施。

（16）海关估价

一国海关为征收关税，根据统一的价格准则，确定某一进口（出口）货物价格的过程。

（17）等级标签

在产品的包装上用以说明产品品质级别的标志。

（18）等级费率

将全部货物划分为若干个等级，按照不同的航线分别为每一个等级制定一个基本运价的费率。归属于同一等级的货物，均按该等级费率计收运费。

（19）船务代理

接受船舶所有人（船公司）、船舶经营人、承租人的委托，在授权范围内代表委托人办理与在港船舶有关的业务、提供有关的服务或进行与在港船舶有关的其他法律行为的经济组织。

（20）国际货运代理

接受进出口货物收货人、发货人的委托，以委托人或自己的名义，为委托人办理国际货物运输及相关业务，并收取劳务报酬的经济组织。

（21）航空货运代理

以货主的委托代理人身份办理有关货物的航空运输手续的服务方式。

（22）无船承运人

不拥有运输工具，但以承运人的身份发布运价，接受托运人的委托，签发自己的提单或其他运输单证，收取运费，并通过与有船承运人签订运输合同，承担承运人责任，完成国际海上货物运输的经营者。

（23）索赔

受经济损失方向责任方提出赔偿经济损失的要求。

（24）理赔

一方接受另一方的索赔申请并予以处理的行为。

（25）原产地证明

出口国（地区）根据原产地规则和有关要求签发的，明确指出该证中所列货物原产于某一特定国家（地区）的书面文件。

（26）进出口商品检验

对进出口商品的种类、品质、数量、重量、包装、标志、装运条件、产地、残损及是否符合安全、卫生要求等进行法定检验、公证鉴定和监督管理。

（27）清关、结关

报关单位已经在海关办理完毕进出口货物通关所必需的所有手续，完全履行了法律规定的与进出口有关的义务，包括纳税、提交许可证件及其他单证等，进口货物可以进入国内市场自由流通，出口货物可以运出境外。

（28）滞报金

进口货物的收件人或其他代理人超过海关规定的申报期限，未向海关申报，由海关依法征收的一定数额的款项。

（29）装运港船上交货

卖方在合同规定的装运期内，在指定装运港将货物交至买方指定的船上，并负担货物在指定装运港越过船舷为止的一切费用和风险。

（30）成本加运费

卖方负责租船订舱，在合同规定的装运期内，将货物交至运往指定目的港的船上，并负担货物在装运港越过船舷为止的一切费用和风险。

（31）成本保险费加运费

卖方负责租船订舱，办理货运保险，在合同规定的装运期内，在装运港将货物交至运往指定目的港的船上，并负担货物在装运港越过船舷为止的一切费用和风险。

（32）进料加工

有关经营单位或企业用外汇进口部分原材料、零部件、元器件、包装物料、辅助材料（简称料件），加工成成品和半成品后销往国外的一种贸易方式。

（33）来料加工

由外商免费提供全部或部分原料、辅料、零配件、元器件、配套件和包装物料，委托我方加工单位按外商的要求进行加工装配，成品交外商销售，我方按合同规定收取加工费的一种贸易方式。

（34）保税仓库

经海关批准设立的专门存放保税货物及其他未办结海关手续货物的仓库。

（35）保税工厂

经海关批准，专门生产出口产品的保税加工装配企业。

（36）保税区

在境内的港口或邻近港口、国际机场等地区建立的在区内进行加工、贸易、仓储和展览，由海关监管的特殊区域。

（37）出口监管仓库

经海关批准设立，对已办结海关出口手续的货物进行存储、保税物流配送，提供流通性增值服务的海关专用监管仓库。

（38）出口加工区

经国务院批准设立的从事产品外销加工贸易，并由海关封闭式监管的特殊区域。